나는 당신이

살았으면
좋겠습니다

나는 당신이

―――――――

살았으면
좋겠습니다

이수연 씀

"너도 나처럼 하루를 살아내기가 힘들었을까…"

contents

띄우는 말　　　"당신이 나처럼은 안 살았으면 좋겠습니다" ○ 010

1장 나와 함께

무심코 받은 전단지에서 행복을 발견하며 ○ 017

작고 여린 생명을 손수 키워보며 ○ 022

한 번쯤은 안 된다고 자신 있게 말해보며 ○ 028

아무도 보지 않는 영화를 찾아보며 ○ 036

모든 걸 때려치우겠다는 배짱으로 ○ 040

나와 닮은 것들을 만들어보며 ○ 047

오랜 친구에게 불쑥 안부 전화를 걸어 ○ 054

말하고 싶지 않았던 것들을 큰 소리로 이야기해보며 ○ 059

2장 당신이

모르는 사람들 사이에서 펑펑 울어보며 ○ 067

의사의 말에 사소한 꼬투리를 잡아보며 ○ 072

커피 한잔을 앞에 두고 삶이 무엇인지 물으며 ○ 079

한 살이라도 어릴 때 부모님 말씀 좀 안 듣고 ○ 085

남들이 모르는 내 흉터를 숨기지 않고 ○ 090

인연이 아닌 사람에게 매달리지 않으며 ○ 098

어색해도 한 번 더 웃으며 ○ 104

내게 상처준 사람을 오히려 안아주며 ○ 112

마음 그릇을 남김없이 비워내고 ○ 119

때로는 자신을 꼬옥 끌어안으며 ○ 126

3장
마음껏

당장 하고 싶은 일을 위해 비행기표를 끊으며 ○ 135

어슬렁어슬렁 하루 종일 아무것도 하지 않고 ○ 140

해보지 않은 것들의 작은 가능성을 믿으며 ○ 146

가끔은 뒤돌아보지 말고 무조건 앞만 보고 ○ 151

우연히 잘못 든 길에서 인생샷을 찍으며 ○ 158

좋아하는 것들로 나만의 전시장을 만들어보며 ○ 163

까진 입천장으로 텐동을 먹으며 ○ 168

기쁜 마음으로 아프게 사랑하며 ○ 173

모두에게 사랑받을 수 없다는 사실을 인정하고 ○ 178

받고 싶은 마음을 나에게 선물하며 ○ 185

4장 다시 오늘을

고양이를 인생 선배로 삼으며 ○ 191

조금 부족한 나를 오롯이 사랑하며 ○ 196

적당히 먹고, 적당히 자고, 적당히 일하며 ○ 203

누가 뭐라 해도 미친 듯이 ○ 208

어린아이처럼 '왜?'라고 계속 물어보며 ○ 213

어떤 일은 그럴 수도 있다고 말해보며 ○ 220

헤어져도 인생은 끝나지 않는다는 걸 기억하며 ○ 225

'어차피 다 죽는 걸' 염세적인 말도 속삭여보고 ○ 232

어디에서나 당당하게 나를 믿으며 ○ 237

받은 기쁨만큼 주는 기쁨도 누리며 ○ 244

시간은 되돌릴 수 없다는 걸 기억하며 ○ 249

이유 없이 피는 장미처럼 ○ 256

그 누구도 내게 상처줄 수 없다고 다짐하며 ○ 261

5장
살았으면 좋겠습니다

나의 장례식과 남겨질 유서를 생각하며 ○ 267

아침에는 죽음을 생각해보며 ○ 272

때로는 골방에 틀어박혀 아무것도 못 해도 ○ 278

아파해도, 얘기해도 괜찮으니까 ○ 282

단 한 번이라도 웃을 수 있게 농담을 던지며 ○ 286

쓸모없는 불안은 휴지통에 던져버리고 ○ 292

삶도 죽음도 지칠 때는 한숨을 푹 쉬어보며 ○ 298

완전히 무너지고 다시 새것으로 ○ 304

오늘, 딱 하루만 더 ○ 311

― 띄우는 말 ―

"당신이 나처럼은
안 살았으면 좋겠습니다"

"작가님 책 잘 읽었어요!"

저를 찾아오는 독자님들은 종종 이렇게 얘기합니다. 그럴 때마다 저는 안쓰러운 표정이 되어버립니다.

"저런…"

예상치 못한 반응에 독자님들은 당황하기도 합니다. 그리고 묻습니다. 책 잘 읽었다는 말에 왜 기뻐하지 않고 '저런'이라고 말하는지. 이유는 간단합니다. 저와 공감해버렸기 때문입니다. 이렇게 살기 힘든 얘기나 하는데 공감해버리다니…

대체 독자님은 마음에 얼마나 큰 아픔을 가지고 살아온 걸까, 그런 생각에 자연스럽게 '저런'이라는 말이 흘러나옵니다.

저처럼 산다는 게 무슨 뜻인가 싶으실 거예요.
글쎄요…

어린 시절 가족에게 상처를 가득 받았다는 걸까요. 학교 다니는 내내 친구 하나 없었다는 걸까요. 믿었던 어른에게 성폭행을 당했다는 걸까요. 고등학교도 때려치우고 알바를 전전하며 십 대를 보냈다는 걸까요. 스물하나에 취업해서 최저임금도 받지 못하며 매운 사회 맛을 보았다는 걸까요. 아니면 스물셋에 정신병원 폐쇄병동에 입원했던 걸까요. 정신병원 입원 횟수를 일곱까지 세다가 이제는 몇 번째인지 헷갈릴 정도에 이른 걸 말하는 걸까요. 서른이 넘어서도 매일 밤 약을 친구 삼아 잠들고… 음, 어쩌면 극단적 시도 끝에 목에 까만 멍이 들고 얼굴이 푸르뎅뎅해졌던 걸 말하는 걸 수도 있겠네요. 그럼에도 죽지 못해 후회했던 걸 말하는 걸 수도 있고요.

아니, 어쩌면 이 모든 것일 수도 있겠습니다. 그렇게 맨날 죽고 싶다고 얘기했으면서도 어찌어찌 또 살아내는 지금의 모습까지 말이죠.

어떤가요? 조금 나열해보았는데 정말 이렇게 살고 싶지는 않으시죠? 괜찮습니다. 솔직히 저도 더 많이 말할 수 있는데 처음부터 너무 이상한 사람으로 보이고 싶지는 않아서 이 정도만 얘기한 거예요. 제 얘기는 차차 친해지면 더 하도록 하죠. 여기까지 읽으셨다면 우리, 어쩌면 꽤 친한 사이가 될지도 모르는 일이잖아요.

　사실… 당신과 친해지고 싶은 마음에 편지를 잔뜩 썼습니다. 다만 편지를 쓰는 마음이 편하지는 않았어요. 누군가를 용서해야만 살아갈 수 있는 마음. 어떻게든 자신을 사랑하기 위해 노력해야 하는 상황. 온갖 죽음을 떠올리면서도 결국 살아냈던 날들. 이런 것들. 제겐 어쩔 수 없이 벌어졌던 일들이었지만, 꼭 모두에게 공감받을 필요는 없다고 생각했거든요. 공감한다는 것은 그 사람의 마음을 이해하는 일이고, 이해한다는 것은 읽는 사람도 그만큼의 아픔을 품고 있다는 뜻이니까요.

누군가의 아픔을 바라고 쓰는 편지가 아닙니다.
누군가의 공감을 받기 위해 쓰는 편지도 아닙니다.
저처럼은 안 살아도 괜찮습니다.

다만 누군가 이 편지에 공감한다면… 저는 그 사람을 위해 제 생을 꾹꾹 눌러 담은 이야기, 다시 살아가는 이야기를 들려주고 싶습니다. 눈을 맞추고, 손을 잡고, 가까이 끌어당겨 상처 입은 마음을 어루만지며 조곤조곤 이야기를 나누고 싶습니다.

숨기지 않고.
진심으로.
때로는 고개를 끄덕이고,
때로는 절레절레 흔들기도 하면서.

편지는 편하게 낮춤말을 썼습니다. 같은 위치에서 같이 얘기하고 싶었거든요. 꼭 한 번에 다 읽지 않아도 좋습니다. 누군가에게 편지 한 통이라도 받고 싶은 날, 하나씩 꺼내어 읽어도 좋습니다. 가장 편한 사람을 떠올리고, 가장 소중한 사람을 떠올리며 읽어도 괜찮습니다. 혹은 그냥 내 얘길 들어줄 누군가라 생각해도 됩니다.

오로지 당신만을 위한 편지라고 생각하며 읽어준다면 더 없이 기쁠 것 같아요.

모진 세상을 살아내다 포기하고 싶은 순간이 있다면,
마지막으로 읽어보고 싶은 그런 편지가 되고 싶습니다.
당신을 위한 선물이 되고 싶습니다.

마음을 담아 이수연 씀

1장

나와 함께

무심코 받은 전단지에서
행복을 발견하며

누구라도 좋겠다고 생각하는 날이 있지.

먼저 말을 걸어오는 사람이 불편하면서도 누군가의 위로가 절실해서, 그 불편함 정도는 감수할 수 있을 것 같은 때 말이야. 택시에서 기사님께 말을 걸어볼까 싶다가도 얘기가 길어질까, 불편한 얘기가 오가지 않을까 싶어 라디오만 듣다가 내릴 때도 있어. 의례적으로 하는 '감사합니다'라는 말이 우리가 나눈 대화의 전부지. 그럴 땐 기사님의 얼굴도 기억나지 않아. 라디오에서 흘러나오는 후렴구만 귓속에 맴돌아.

진짜 사람의 목소리는 언제쯤 들을 수 있을까…

주머니에 손을 넣고 걸었어. 날이 꽤나 서늘했거든. 가을에서 겨울로 넘어가기 전, 하루 정도 먼저 찾아온 추위였지. 튀어나온 손목 마디가 시려 소매가 더 긴 코트를 챙겨입지 않은 걸 후회하며 간 곳은 병원이었어. 늘 습관처럼 찾는 곳. 병원을 습관처럼 다닌다니, 좀 이상한가?

여하튼 특별한 날은 아니었다고 말하고 싶어. 그냥 평범한 날이었어. 이상하게 우울하거나 이상하게 불안하지 않은 날. 아니, 우울하거나 불안하지 않으면 좋은 거지만 사는 게 원래 그렇잖아. 늘 찾아오던 우울과 불안이 없으니 어쩐지 견딜 수 없게 되더라고. 그 견딜 수 없음에 병원을 찾았어.

그런데 그날은 아무 말도 하기 싫은 날이었어. 습관처럼 찾긴 했는데, 무슨 말을 해야 할지는 모르는 그런 날. 싫증이 났던 걸지도 몰라. 당연하게 오가는 말이, 당연하게 오가는 발걸음이. 그래서 땅만 보고 걸었어. 누구에게도 시선을 주지 않고.

그렇게 걷고 있는데 어떤 사람이 내 앞을 쓱 막아서더라. 그제야 고개를 들고 앞에 선 사람을 쳐다보았어. 나이가 지긋한 아주머니셨어. 아주머니는 가만히 내 눈을 바라보며 미소를 지었지. 그러고는 내 쪽으로 전단지를 내밀며 말했어.

"행복하세요."

행복하세요. 행복, 하세요. 그 말이, 그 흘러가는 말이 얼마나 마음 깊이 와닿는지. 나는 순순히 전단지를 받았어. 날이 추웠지만 병원까지 걸어가는 길에 찬찬히 읽어보기까지 했지. 교회 홍보 전단지더라. 나는 종교가 없는데, 그래도 행복하라는 말이 너무 와닿아서 차마 전단지를 버릴 수 없었어. 대신 곱게 접어 가방에 넣었어. 행복하라는 아주머니의 말과 마음을 되새기며.

그분은 그날 추위 속에서 얼마나 많은 사람에게 '행복하세요'라는 말을 전했을까. 나는 몇 번째로 '행복하세요'를 들은 사람일까. 그렇게 생각하면 나는 아주머니를 스쳐 지나간 수많은 사람 중 하나일 뿐인데, 행복하라는 말도 별생각 없이 건넨 인사 같은 걸 텐데 혼자 너무 많은 의미를 부여한 건 아닐까 싶긴 했어.

그래도 나는 아주머니의 말이 끝까지 기억에 남았어. 아주머니의 얼굴은 기억조차 나지 않는데, 그 말은 끝까지 나를 따라왔지. 아마도 나는 그냥 그 말을 듣고 싶었던 것 같아. 행복하라는 말을. '행복하세요'라는 말을.

위로라는 거. 생각해보면 참 이상해. 그날 병원에서 마주한 정신과 주치의가 한 말 가운데 내게 위로가 된 말은 하나도 없었거든. 몇 년을 봐온 사람인데, 내 비밀을 속속들이 알고 있는 사람인데도 참 위로되는 말이 없더라. 그런데 처음 보는 사람이, 그것도 교회 전단지를 건네는 아주머니가 전한 '행복하세요'라는 말 한마디에 덜컥 위로를 받다니. 그렇게 세상에 위로될 만한 것이 없었나 생각해보면 그것도 아닌데 말이지.

결국 그 전단지는 어떻게 됐냐고? 너덜너덜해질 때까지 가방 한쪽에 오랫동안 자리 잡고 있다가 가방 안에 커피를 쏟았을 때 젖어서 버리게 됐어. 솔직히 말하면 커피를 쏟기 전까지는 가방에 전단지가 들어 있다는 사실도 잊고 있었지. 가방에서 너덜너덜해진 전단지를 꺼내는데 다시 그 말이 떠오르더라.

행복하라는 말.

커피를 쏟아서 짜증이 날 법도 한데, 오히려 그날의 위로가 떠올라 피식 웃고 말았어.

아주머니의 바람과 달리 난 아직도 교회에 나가지 않아. 그래도 아주머니가 이 사실을 꼭 알아주었으면 좋겠어. 덕분에 두 번이나 위로를 받았다고. 잠시나마 행복하다는 느낌을 받았다고. 어쩌면 그 아주머니는 신이었는지도 몰라 (다시 말하지만 나는 종교가 없어). 전단지를 통해 작은 행복을 나눠주는 작은 신.

  언젠가 너도 이 작은 신을 꼭 만나봤으면 좋겠다.

내가 느낀 작은 행복이,
네게도 찾아가기를 기도할게.

작고 여린 생명을
손수 키워보며

눈을 뜨면 하루가 시작돼.

부지런히 몸을 움직여. 일어나서 이불 개기. 씻기. 머리 말리기. 밥 먹기. 출근하기. 누군가에게는 평범한 일상이지만 나는 최선을 다하지 않으면 어느 것도 해낼 수 없어. 아주 작은 일에도 온 힘을 다해야 해. 어떻게든 해야 해.

나는 살아있으니까.
내게 주어진 책임이니까.

그렇게 모든 일을 마치고 침대에 누우면 뿌듯함보다 처절함이 느껴져. 이렇게까지 힘들게 살아야 하는 걸까. 삶은 원래 이렇게 힘든 걸까. 나는 손가락 하나 움직일 힘도 남지 않았는데, 사람들은 더 힘을 내지 않으면 안 된다고 말해. 그럴 때면 철저하게 혼자가 된 기분이야. 이 삶의 무게를 혼자 짊어지고 가야 할 것 같아.

어쩌다 작은 생명을 키워보게 됐어. 작은 텃밭 상자를 얻어 끙끙 옥상까지 들고 올라갔지. 작았지만 가볍지는 않았거든. 24인치 모니터만한 상자였는데 생각보다 많은 걸 심을 수 있었어. 물론 대단한 것들은 아니었어. 난 농사 같은 건 엄두도 내본 적 없는 도시 사람이라 대충 먹고 남은 수박씨와 파 뿌리, 대형마트에서 구입한 상추씨를 심었지. 그 셋을 어떻게 작은 텃밭 상자에 다 심을 수 있냐고? 글쎄, 아무 생각 없었던 것 같아.

솔직히 싹이 틀 줄도 몰랐어…

비료는커녕 제대로 물도 주지 않았어. 나 하나 살기도 힘들었으니까. 물을 언제 줘야 하는지도 몰랐고. 수박이 나오던 철이니 여름 즈음이었을 텐데, 해 뜨면 해 뜨는구나 비 오면 비 오는구나 생각했지. 너무 뜨거운 햇볕에 땅이 푸석푸

석해질 정도가 되면 그제야 조금 걱정을 하긴 했어. 참 무심했지.

그런데 어느 날, 싹이 튼 거야. 흙을 비집고 나온 작은 초록색 싹이 보이더라고. 수박인지, 상추인지, 잡초인지 알 수는 없었어. 그때부터였던 것 같아. 비가 많이 오는 날엔 텃밭 상자에 우산을 씌워주고, 햇볕이 뜨거운 날에 말라 죽지 않을까 걱정돼 주전자에 물을 한가득 담아 날랐던 게. 어디선가 얻어 온 비료를 뿌려주기도 했어. 싹은 무럭무럭 자랐어. 수박이더라. 그 옆에 상추도 몇몇 자라났어.

놀라웠어.
먹고 버린 씨앗에서 싹이 틀 수 있다는 게.
내가 뿌린 조그마한 씨앗이 진짜 생명이라는 게.

매일 옥상에 쪼그려 앉아선 싹이 얼마나 컸나 확인하곤 했어. 상추는 겹겹이 몸을 키웠고 수박은 점점 위로 솟아났지. 그때 난 처음으로 수박꽃을 봤어. 노란색 꽃이 조그맣게 피는데 수꽃과 암꽃이 따로 있어서 수정이 되어야 열매를 맺는다고 하더라. 그래서 수정을 시켜줬냐고? 아니, 난 열매까진 바라지도 않았어. 그냥 씨앗이 싹이 되고 꽃이 되었다는 사실에 감탄하고 만족했어. 그 과정을 내가 지켜보고 때론 물과 비료를 주었다는 사실이 뿌듯했지.

그런데 어느 날, 임신한 배가 불러오듯 조금씩 줄기가 부풀어 오르더라. 곧 검은 줄이 생기고 손톱만 해지더니 열매가 맺혔어. 아마도 날벌레 덕분이었겠지. 그렇게 햇볕과 비와 날벌레의 도움을 받아 무심한 도시에서도 열매를 맺은 거야. 그러니까, 아주 작은 수박이.

그렇게 작은 수박은 처음 봤어. 손가락 한 마디 정도인 아기 수박. 작지만 동그랗고 검은 줄무늬가 있는 진짜 수박. 옆에는 상추가 먹을 수 있을 만큼 자라 있었고, 파는 쑥쑥 커서 가끔 라면을 끓일 때 윗동을 잘라내 쓸 수 있을 정도였지. 비록 수박은 너무 작아서 먹을 수 없었지만, 보는 것만으로도 충분히 경이롭고 배가 불렀어.

더 자라지 않고 잎이 썩어갈 즈음 수박을 땄어. 손가락 두 마디만 했지. 한입에 꿀꺽 먹을 수 있을 것 같더라. 궁금해서 반을 잘라봤어. 속은 아직 익지 않아 옅은 붉은색을 띠고 있었어. 씨앗 또한 다 자라지 못해 아주 작았고. 그래도 괜찮았어. 충분히 잘해왔다고, 그렇게 말해주고 싶었어.

있잖아, 그 텃밭 상자에 싹이 튼 순간부터 모두 시들기 전까지 난 매일 옥상에 올랐어. 그 자그마한 생명들이 어떻게 살아가는지 궁금해서. 나의 이런 무지함에도, 무관심에도 열심히 살아내고 싹을 튼 것이 미안해서. 이 삭막한 도시 한가운데 작은 텃밭 상자 속에서라도 살아가려는 모습이 대견해서. 그런 마음에 이끌려 매일 옥상으로 향했어.

그것들은 눈치채지 못할 만큼 조금씩 자랐어. 매일 보면 알 수 없지만, 그래도 며칠 전과 비교해보면 깜짝 놀랄 만큼 눈에 띄게 자랐지. 그 녀석들, 노력하고 있었던 거야. 내가 보지 않는 순간에도, 매일같이. 마치 나처럼.

그 텃밭 상자에는 잡초들도 끊임없이 싹을 틔웠어. 나는 잡초를 뽑아내지 않았어. 그것들도 살아가기 위해 부단히 노력하는 생명일 테니까. 꽃을 피우면 같이 기뻐했어. 이제 너희는 갈 곳 없는 잡초가 아니야. 상추와 파와 수박과 삶을 함께하는 동료야. 이런 감성적인 얘기도 해봤지. 걔네가 말을 알아들었는진 몰라도 친구들을 잔뜩 초대해선 잡초밭이 된 적도 있어. 그런데도 난 그 텃밭 상자를 보는 일이 좋았어. 어떻게든 작은 생명을 키워보는 일이. 살기 위해 최선을 다하는 이 녀석들에게 조금이라도 살기 좋은 텃밭 상자를 만들어주는 일이.

나는 받지 못한 마음을 주는 일도 위로가 될 수 있다는 걸, 작은 생명을 키워보며 배웠던 거야.

지금 나는 자그마한 화분들을 가꾸고 있어. 이사 올 때 텃밭 상자는 가져오지 못했거든. 창가 작은 화분에서는 캣그라스가 자라나고 있어. 수차례 실패했지만 다시 심길 반복해. 키우기 어렵다는 걸 알면서도 다시 심어.

다시, 다시. 매번 새로운 싹을 틔워.

포기하지 않아.
이 녀석들도, 나도.

한 번쯤은 안 된다고
자신 있게 말해보며

스물셋,
프리랜서 음향기사로 출퇴근하던 때였어.

 말이 좋아 계약직이지, 거의 언제 잘릴지 모르는 게 내 일이었지. 돈이 없으니(그 나이에 돈이 있으려면 어떻게 해야 하지?) 당장 일하지 않으면 생활비를 마련할 수도 없었어. 열일곱에 도망치듯 집을 나온 나에게 매달 가장 중요한 숙제는 월세였어. 밥은 안 먹어도 그만이지만, 다음 달은 무조건 오게 되어 있으니까. 그래서 어떻게든 버텨보려고 출근하고 퇴근하고 또 출근했지.
 그때 내 입에 붙은 말은 '네! 해볼게요!'였어. 열일곱 살에

난생처음 카페 아르바이트 면접을 보았을 때도, 스물한 살에 우연히 만난 음향회사 대표님이 일해보겠냐고 물었을 때도, 회사를 그만두고 프리랜서로 전향한 뒤 계약직 엔지니어 제의가 들어왔을 때도 언제나 내 대답은 '네! 해볼게요!'였지. 잘하지 못하는 악보 제작 일이 들어왔을 때도, 심지어 현대미술 전시음악 작곡일을 제안받았을 때도 나는 똑같이 대답했어. 나는 엔지니어 출신인데도 말이야. 그 덕에 늘 모르는 일을 어떻게든 해내야 했지. 뭘 몰라서 패기가 넘쳤나 봐.

물론 좋은 점도 있긴 했어. 할 줄 아는 게 많아졌거든(웃음). 작가가 된 이후에도 손님이 찾아오면 음료에 휘핑크림을 기가 막히게 올리고, 북토크 공연 기획부터 음향 세팅까지 직접 해낼 수 있었어. 아, 샌드위치도 (유일하게) 잘 만들어. 샌드위치 매장에서 일한 적 있거든.

그런데 '네!'라고 답할 수 없는 날이 찾아왔어. 솔직하게 말하면 나 때문은 아니었어. 같이 일하던 상사가 내게 신신당부를 했지. 대표님이 분명 지금까지 작업한 프로젝트 사항을 바꾸라고 지시할 텐데 절대 받아들여선 안 된다고. 이건 절대 바꿀 수 없는 일이라고. 무조건 거절해야 한다고. 그 상사는 내가 거절 못 하는 성격인 걸 알아서 몇 번이고 강조했어.

사실 나는 못하는 일을 떠안을 때보다 상사의 당부대로 '거절하는 일'이 더 곤란하게 느껴졌어. 모든 스텝이 모인 자리에서 막내인 내가 '안 됩니다'라고 말해야 한다니. 모두 나를 뚫어져라 쳐다볼 텐데… 어쩌면 불같은 성격을 가진 대표님이 화를 낼 수도 있는데… 그럼 나는 더 곤란해질 텐데…

 다시 말하지만 대표님은 성격이 정말 불같은 분이었어. 내 부모님 연세에 내 또래의 아들이 있는데도 에너지가 넘치는 분이셨지. 목소리도 크고 욕도 정말 찰지게 잘하시는 그런 분. 그럼에도 카리스마 넘치고 정도 많아서 모두가 잘 따르는 그런 분. 다들 믿고 따르지만 무서워하는 그런 사람 있잖아. 그런 대표님 앞에서 내가 '안 됩니다'라는 말을 해야 하는 거야.

 이런 걱정과 상관없이 두려워하던 순간은 찾아왔어. 전체 회의 시간에 라이브 음향 감독, 무대 설치 감독, 예술 감독, 음악 감독 등 모든 헤드 스텝이 모였어. 그 회의에 모인 모두가 각 회사의 대표 혹은 감독이었지. 나이와 직함에 걸맞게 경력 또한 뛰어난 사람들이었고. 우리 대표님은 공연 기획 총괄자였어. 나? 나는 이제 스물세 살이 된 경력 3년 차의 막내…

 각 스텝이 진행 사항을 차근차근 발표하고 드디어 내 차례가 다가왔어. 나와 상사가 함께 작업한 공연 중간에 삽입 될 음악이 흘러나왔지. 음악을 듣던 대표님의 미간이 아주 살짝 일그러졌어. 그러고는 정확히 상사가 예상했던 대로 말했지.

"근데 이거… 좀 바꿔야 하지 않겠나?"

"안 됩니다!"

모든 스텝이 눈을 동그랗게 뜨고 나를 쳐다보았어. '감히 대표님께 안 된다고 말해?' 하는 게 느껴지더라. 개중에는 '아니, 쟤 대체 어쩌려고…' 하는 안쓰러운 눈빛도 있었어. 나는 눈을 질끈 감았어. 아아, 혼나겠구나. 상사는 숨죽인 채 그 모습을 지켜보고 있었지. 그렇게 잠시 정적이 흐르고 대표님이 입을 열었어.

"그래? 안 돼? 어쩔 수 없지, 뭐."

여기저기서 작은 탄식이 흘러나왔어. 그제야 나는 고개를 들고 대표님을 똑바로 바라보았지. 대표님은 아무 말 없이 바로 회의를 진행하셨어. 나는 그때 사회를 다시 배운 느낌이었어.

안 된다고 말해도 세상은 무너지지 않는다는 걸…

비록 힘들었지만, 나는 그때 그 일을 좋아했어. 음악 분야에서 일하는 게 오랜 꿈이었거든. 하지만 세상일은 왜 마음대로 흘러가지 않을까. 일을 시작하고 얼마 지나지 않아 나는 정신과 폐쇄병동에 입원해야 했어. 일에 좀 적응되고 살만하니까 미뤄온 아픔이 쏟아지더라. 병명은 우울증과 식이장애, 공황장애 쓰리콤보였지. 반년을 입원하고도 나는 나아지지 않았어. 다시 입원하고, 또 입원했지. 아무리 대표님과 직원들이 배려해주고 기다려주어도 끝나지 않을 것 같았어. 영원히 그 병명 속에서 살아갈 것만 같았어.

나는 한 번 더 얘기해야 했어. 그땐 '안 됩니다'가 아니라 '못 하겠습니다'였지. 그 말을 하기 전까지 나는 또 마음 졸였어. 화를 내진 않으실까, 무책임하다고 질책하진 않으실까, 다시는 이쪽 분야에 발도 들이지 못 하게 되는 건 아닐까. 그럼에도 견딜 수 없이 힘들어서 결국 못 하겠다고 털어놓은 날, 동료들은 나를 안아주며 말했어.

"수연 씨가 얼마나 힘들었으면… 언제든지 돌아와요."

역시나 세상은 무너지지 않았어. 안 된다고 해도, 못 하겠다고 해도 세상은 그대로였어. '안 됩니다', '못 하겠습니다'라는 말, 때론 세상에 나를 맞추는 게 아닌 세상을 내게 맞춰 살아갈 수 있도록 하는 말이더라. 비록 지금 나는 나와 더 어울리는 다른 일을 찾아서 하고 있지만, 여전히 그때 했던 일을 사랑해. 세상이 무너지기는커녕 더 나은 방향으로 나아갈 수 있다는 소중한 사실을 알려준 일이기도 하고.

그러니까 한 번쯤은 안 된다고 말해봐.
괜찮아.

"안 됩니다."
"못 하겠습니다."

때론 세상에 나를 맞추는 게 아닌
세상을 내게 맞춰 살아갈 수 있도록 하는 말.

내가 좋아하는 일을 오랫동안 하기 위해
반드시 필요한 말.
그러니 한 번쯤은 말해봐.

"안 됩니다."
"못 하겠습니다."

아무도 보지 않는
영화를 찾아보며

영화 이야기를 하기 전에,
먼저 알아두어야 할 게 있어.

나는 영화를 별로 좋아하지 않아. 종종 영화를 보긴 하지만 솔직히 두세 시간 동안 화면을 집중해서 쳐다보는 일은 좀 힘들어. 숨 돌릴 틈 없이 변하는 화면과 롤러코스터 타듯 진행되는 스토리, 수많은 등장인물이 주고받는 대사와 자극적인 음악, 이 모든 게 한꺼번에 와라락 쏟아지는 느낌이랄까. 영화 한 편을 보고 나면 하루가 다 저문 듯 피곤해. 그래서 영화를 본 날엔 아무 일도 못 하곤 하지.

그럼에도 내가 좋아하는 스타일의 영화가 있어. 진행이 느려서 다소 따분하게 느껴지는 다큐멘터리나 드라마 형식의 영화야. 다큐멘터리《모어》를 감명 깊게 봤고, 홍상수 감독의《소설가의 영화》를 나름 재밌게 봤어. 둘 다 러닝타임이 짧다는 공통점도 있지. 너무 길면 지치게 마련이거든.

두 영화 모두 관객 수는 1만 명 정도에 불과해. 그렇게 마이너한 것은 아니지만, 그렇다고 메이저한 것도 아니지. 적당히 '아무도 찾지 않는 영화'는 아니라고 말할 수 있지 않을까. 그런데 사실 내 삶에서 영화는 '아무도 찾지 않는 것'과 같았어. 무관심했고, 아무렴 상관없는 것이었지. 그렇잖아. 내가 영화 한 편 안 본다고 세상이 무너지는 것도 아니고, 나 한 명 정도는 영화의 흥행 성적에 크게 영향을 끼치지도 않을 테고. 찾지 않아도 상관없는 것. 그게 나에겐 영화였어.

그런 내가 어느 순간 영화를 찾아보기 시작했지. 계기는 단순했어. 글을 더 잘 쓰고 싶었거든. 글이랑 영화랑 무슨 관계인가 싶을 수 있지만, 영화에서 묘사되는 캐릭터성과 스토리라인, 연출은 모두 시나리오를 바탕으로 이루어지기 때문에 배울 점이 많았어. 영화 장면을 글로 묘사하면 어떻게 표현할 수 있을까를 생각하는 거지. 그렇게 글쓰기 연습을 위해 영화를 하나둘 찾아보기 시작했어. 유명한 영화부터

차근차근. 누아르, 액션, SF, 로맨스, 코미디… 참 다양하게 봤던 것 같아. 오로지 글을 더 잘 쓰고 싶다는 마음 하나로. 그런데 영화를 보다 보니 내 안에 작은 변화가 생겼어.

'뭐야? 생각보다 즐거운데?'

어느 순간부터 아무 생각 없이 그냥 즐기면서 보게 되는 거야. 다음 내용은 뭘까, 어떻게 이야기가 흘러갈까 궁금해하며, 연출에 감탄하며 그냥 보는 거지. 영화 보자는 데이트 신청을 받으면 '저 영화 안 좋아하는데요' 하며 단칼에 거절하던 내가 순수하게 영화를 즐기기 시작했지. 영화를 좋아하는 또 다른 나를 마주한 거야.

그때부터 나는 내가 무엇을 좋아하는지 조금 더 알 수 있었던 것 같아. 다큐멘터리나 드라마 장르를 선호하고 러닝타임은 90분 정도가 적당하다는 것. SF 장르를 볼 때 디스토피아적인 상상력에 흥미를 느끼고, 액션이나 누아르에는 별 관심이 없다는 것. 고어와 호러는 질색한다는 것. 아마 내가 계속 '싫은데요'라고 말해왔다면 영영 알지 못했을 사실이었지. 나를 규정하는 틀 하나를 깨트린 거야. '영화를 싫어하는 나'라는 틀을.

여전히 나는 영화 보는 일이 피곤해. 하지만 때로는 즐거워. 감독의 이름만 들어도 작품을 줄줄이 외고 작품성에 대해 열띤 토론을 벌이는 그런 마니아는 아니지만, 널리 알려지지 않은 좋은 작품을 발견했을 때 찾아오는 즐거움은 어느 정도 느낄 수 있게 됐어. 개인적으론《혐오스런 마츠코의 일생》도 그 리스트에 넣고 싶어. 아, 이건 이미 영화 팬들 사이에 널리 알려진 작품이려나. 그렇다면《주식회사 스페셜 액터스》는 어때? 예전의 나라면 이런 영화 제목을 듣고 고개를 갸우뚱했겠지. 그러고는 물었을 거야.

"그게 뭔데요?"

나를 규정하는 것, 스스로 규정하는 것, 세상에서 찾지 않는 것, 그런 것들을 깨부수는 즐거움이 있다는 걸 나는 아무도 찾지 않는 영화를 보면서 느껴. 나는 속이 꼬인 사람이라 무엇이든 깨부수는 걸 좋아하거든. 그런 의미에서 오늘은 정말 '아무도 찾지 않는' 영화를 한 편 찾아봐야겠다.

나 자신과 세상을 깨부수는 마음으로.

모든 걸 때려치우겠다는
배짱으로

대학교에 다니는 너의 이야기를 듣는 건
꽤나 즐거운 일이었어.

그도 그럴 것이 나는 대학교에 다녀본 적이 없으니까. 눈치 싸움이라는 수강 신청은 물론이고 자리다툼 치열하다는 시험 기간 내 도서관도 구경 한 번 해본 적 없었지. 인류애를 잃어버릴 수도 있다는 조별 과제 수업도 당연히 경험해보지 못했고. 아니, 대학은커녕 고등학교도 반년 만에 그만뒀으니 난 학교와는 전혀 어울리지 않는 사람이랄까.

네가 대학 얘기를 할 때마다 나는 멋대로 상상하곤 했어. 상식이 절로 쌓인다는 교양과목에는 로망을 느꼈고, 머리

아프다는 전공과목에 대해서는 범접할 수 없는 아우라를 느꼈어. MT 간다는 얘기를 들었을 땐 기차 타고 어디론가 떠나는 낭만적인 장면을 떠올렸고, 동아리 친구와 밤늦게까지 산책했다는 얘기를 들었을 땐 어찌나 설레던지.

그래 알아, 모두 환상이라는 거.
대학 근처에는 가보지도 못한 사람의 얼토당토않은 공상이라는 거.

그래도 언젠가 작업실 근처에 있는 대학교 캠퍼스를 산책 삼아 걸었는데 보기 좋더라. 낡은 건물 사이로 바삐 오가는 학생들의 모습이 멋있어 보였어. 어떤 공부를 하는지 몰라도 그냥, 좋아 보였어.

캠퍼스의 낭만을 즐겁게 들려주던 네가 자퇴를 고민한다고 했을 때, 나는 무슨 말을 어떻게 해야 할지 몰랐어. 애초에 대학 근처에도 가보지 못한 내게 그런 얘기를 털어놓는 것도 조금 이상하다고 생각했거든. 그래서 나는 솔직하게 물었어.

"진짜 고민하는 게 뭐야?"

네가 답했지.

"졸업한 뒤에 뭘 해야 할지 모르겠어."

그때 알았어. 내가 대학은커녕 고등학교도 다니지 못하고 때려치웠던 이유를.

나는 너무 잘 알았던 거야. 내가 뭘 하고 싶은지, 지금 뭘 해야 하는지. 특출나게 뭔가를 잘했던 건 아니지만, 하고 싶은 일을 하기 위해 무엇이 필요한지 알고 있었던 거야. 그렇기에 고등학교도 미련 없이 떠날 수 있었던 거지(물론 열여덟 여름에 검정고시를 합격했어). 대학 생활에 대한 동경은 있지만, 굳이 가보겠다고 생각하지 않았던 이유도 바로 이것이었어.

'나에게는 대학이 필요하지 않아.'

그래서 네가 나에게 고민을 털어놨던 걸까.

정말 배움에 뜻이 있어 대학에 갔다면 아마 너의 고민은 다른 방향으로 흐르지 않았을까 싶어. 더 높은 학점을 받거나, 더 전문적으로 공부할 수 있는 학교로 옮기는 걸 고민했을지도 몰라. 실제로 내 주변에는 아직도 학교에 다니는 친구 몇이 있어. 그 친구들은 자기 분야에서 전문가가 되는 걸 목표로 삼고 밤낮으로 학업에 열중하고 있지. 때론 힘들다고 투덜거리기도 하지만, 그 순간에도 눈이 반짝이는 걸 느낄 수 있어. 그런 모습이 무척 신기하면서도 멋있더라.

 알아. 너도 그때 어려운 선택을 했다는 걸. 그런데 지금 또다시 그 선택의 기로에 놓였다는 걸. 나름 열심히 해왔는데 다시 원점으로 돌아왔을 때의 그 기분, 나도 종종 느끼곤 해. 그래서 이런 고민이 반복되는 게 힘들다는 너의 말에 고개를 끄덕였지. 그리고 잠시 침묵. 컵 손잡이만 만지작거리는 네 모습을 한참 쳐다보다 내가 말했어.

 "그래서 네가 하고 싶은 건 뭐야?"

 대학을 그만두든, 잠시 쉬든, 어찌어찌 졸업해 회사를 다니든… 뭘 하고 싶은지 몰라 괴로운 거라면 같이 찾아나가자고 했어. 그걸 찾지 못하면 넌 네가 있는 자리에 늘 의문을 품으면서 삶이 무의미하다고 생각하게 될 거야. 그때마다 공든 탑이 무너지는 것 같아 마음이 아플 거고. 끊임없이 자신을 의심하는 건 정말 힘든 일이지.
 사실 난 아직도 네게 어떤 얘기를 해줘야 할지 모르겠어. 그래도 네게 조금이라도 위로가 될 수 있다면… 이 얘길 네게 들려주고 싶어.

나는 고등학교를 다니다 그만두었어. 생각해봐. 주변에 고등학교를 그만둔 사람이 몇이나 되는지. 나도 당연히 집에서 반대가 심했어. 부모님은 내가 자퇴하는 순간 사회부적응자가 될 거라 생각했지(반은 맞는 얘기일 수도. 다만 행복한 사회부적응자라고 해두자). 그런데 자식 이기는 부모 없다고 나는 기어코 학교를 때려치웠어. 하고 싶은 일이 분명했거든. 아, 하고 싶지 않은 일도. 학교 다니는 일, 정말 하고 싶지 않았어(웃음).

고등학교 1학년 때, 여름방학이 끝난 9월의 어느 날이었어. 나는 자퇴하는 날 뭔가 엄청난 일이 벌어질 거라 생각했어. 떨리는 마음으로 선생님께 말했지.

"오늘 자퇴할게요."

선생님이 아무렇지 않게 답했어.

"부모님 모셔 와라."

그 뒤 엄마가 와서 서류에 서명을 하고 끝이었어. 다음 날, 나는 평소보다 조금 늦게 눈을 떴어. 학교에 갈 필요가 없었으니까. 그 뒤로 주욱 학교에 가지 않는 주말 같은 날이 이어졌지. 음, 그러니까 결국 아무 일도 일어나지 않았어.

고등학교를 그만둔 일이 내 인생을 망쳤다고는 단 한 번도 생각한 적 없어. 설령 인생을 망쳤다 한들 언제든 되돌릴 수 있는 일이었지. 검정고시 대신 재입학을 선택할 수도 있었고, 대학에 진학해서 이력서에 새로운 학력을 기입할 수도 있었지. 회사를 다니면서도 배움을 이어갈 수 있는 기회가 충분했고.

하지만 나는 그러지 않았어. 내가 하고 싶은 일은 학교에서 배울 수 있는 게 아니었으니까. 너무 쉽게 생각하는 거 아니냐고? 그렇다면 나는 이렇게 말하고 싶어. 너무 심각하게 생각하는 것보다는 쉽게 생각하는 게 마음 편한 일 아닐까?

어쩌면 때려치울 수 있는 배짱은
'하고 싶다'는 확신에서 오는 걸지도 몰라.

그 정도로 '하고 싶은 일'이라는 걸 자신에게 말하고 싶어 그만둔 걸 수도 있으니까.

어쨌거나 지금 하는 일을 그만두고 싶은 마음이 든다면, 작고 하찮은 일이라도 꼭 해보고 싶다는 마음이 있다면, 그 마음을 무시하지 않았으면 좋겠어. 천천히 깊게 들여다보고, 경험해보고, 따져보고, 무엇보다도 두려워하지 않았으면 좋겠어. 지금 잘못된 선택으로 인생을 망치지 않을까 하는 그런 두려움을 한 번쯤은 잊었으면 좋겠어.

어떻게든 삶은 흘러가니까.

넌 이미 충분히 고민하고 또 고민했어. 그 모습을 보며 난 네가 삶을 얼마나 진지하게 받아들이는지 느꼈어. 정말 잘하고 싶은 거야. 잘해내고 싶은 거야. 단순히 지금 네게 주어진 일이 아니라 인생을 잘 살고 싶은 거야. 가장 중요한 건 그 마음이야.

실패에 대한 두려움이
네 마음을 무겁게 짓누르지 않았으면 좋겠다.
만회할 기회는 얼마든지 있으니까.

네가 살아만 있어 준다면.

나와 닮은 것들을
만들어보며

살아가다 보면 생각보다 많은 사람이 스쳐 지나가.

남을 것 같은 사람이 떠나가고, 기대하지 않았던 사람이 내 곁을 지키기도 하지. 첫인상이 중요하다고 말하기도 하지만, 시간이 흐를수록 처음보단 쌓인 시간이 더 중요한 것처럼 느껴져. 서로에게 얼마나 노력했는가. 서로를 얼마나 이해하려 했는가. 기준이 변한다고 해야 할까. 나나, 나를 만나는 사람들이나.

오랜 친구가 있었어. 그 친구를 알아가는 일은 내게 큰 기쁨이었어. 대화를 나누다 보면 종종 비슷한 점을 발견할 수 있었거든. 우리는 분명 다른 삶을 살았지만, 대화할 때만큼은 같이 살아온 것처럼 너무나 잘 맞는다고 생각했지. 운명이라 느끼기도 했어. 내 인생에 빠질 수 없는 한 사람. 친구라는 이름으로 함께하고 싶은, 잃고 싶지 않은 사람.

그러나 사람이란 게 완전히 같을 수는 없어서 더 깊이 알아갈수록 우리는 서로에게 실망했지. 아직도 기억나. 친구가 물었어.

"요즘 어때?"
"너무 힘들어. 죽고 싶어."
"너는 항상 그런 식이지."

그 말 한마디에 우리는 틀어졌어. 지금까지 혹은 영원히.

그 친구, 지쳤던 걸지도 몰라. 매번 힘든 내 표정과 모습이. 아파하는 날 보는 일이.

우리는 그것까지 닮진 않았던 거야. 그 뒤로 나는 그 친구를 다시 보지 못했어. 기대한 사람은 나였는데, 실망한 사람은 그 친구였지. 그렇게 사람이 멀어졌어. 떠나갔어. 차라리 처음부터 다르다고 생각했다면 그렇게 실망하지도 않았을 텐데.

원망하진 않았냐고? 음, 조금은 했던 것 같아. 그 친구가 떠나고 내 마음엔 깊은 상처가 났어. 반쪽 같은 애였으니까.

반쪽이 뚝 떨어져 나갔으니 아플 수밖에. 그 친구라면 내 외로움을 이해해줄 수 있을 거라 생각했는데, 이해받지 못했던 게 가장 아팠던 것 같아.

이상하지. 기대한 사람이 더 크게 상처받는 게.
그래서 늘 기대하지 않겠다고 다짐하는데 또 그게 잘 안되는 게.

반쪽이 떨어져 나간 뒤 나는 나와 닮은 것들을 만들기 시작했어. 글 쓰는 사람이다 보니 대부분 시간을 글 쓰는 데 보냈지. 한번은 단편소설을 쓰기 시작했는데 하루 만에 다 쓰고 말았어. 빨리 쓰는 게 무조건 좋은 건 아닌데, 그냥 손이 가는 대로 쓰다 보니 순식간에 완성되어 버렸지. 소설을 다 쓰고 마지막 온점을 찍는데 눈물이 흐르더라. 그 누구도 알아주지 않은 내 마음이 나와 닮은 작품에 담겨 있어서. 나와 닮은 그 작품이 내 마음을 알아주는 것 같아서. 조금 궁상맞지? 아무도 보지 않는 곳에선 나도 궁상맞은 행동을 하곤 해. 근데 뭐 어때. 조금 궁상맞아도.

그렇게라도 날 위할 수 있다면 무엇이든 괜찮아.
날 이해할 수 있는 존재는 나밖에 없을지도 모르니까.

내가 나를 이해하는 방법 가운데 하나는 일기를 쓰는 거야. 거의 매일 일기장을 펴고 생각나는 것 대부분을 적어. 두서없이 그냥 막. 물론 솔직하게 적지 못하는 것들도 있어. 혹여 누가 읽기라도 했을 때 알면 안 되는 것들. 나를 이해받기 위해 다른 사람에게 상처줄 수는 없는 노릇이잖아. 그래도 다행인 건 내 마음속에 누가 읽으면 안 되는 것들이 딱히 없다는 거야.

내 감정이 형태를 가진다면 일기장의 모습이 아닐까 싶어. 일기를 쓰고 나면 그 일기가 내 감정을 모두 가져간 기분이야. 외로움이나 우울함, 슬픔 같은 것들. 때로는 기쁨까지도. 그제야 나는 평온한 상태가 돼. 나는 기쁨보다 그 평온함이 더 좋더라고.

꼭 글을 쓰라는 얘기는 아니야. 그림을 그려도 좋고, 캘리그래피를 해도 좋고, 인형을 만들어도 좋아. 나와 닮은 것이라면 무엇을 만들든 상관없어. 중요한 것은 '나와 닮은 것'을 만드는 거야. 누구도 이해하기 힘든, 외로운 나를 닮은 무언가를 만드는 일. 진짜 나를 이해할 수 있는 무언가를 세상에 두는 일. 내가 나에게 주는 세상에서 가장 값진 선물.

폐쇄병동에 있던 긴 시간 동안 나는 세상에 단 하나라도 날 이해해주는 것이 있으면 좋겠다고 생각했어. 어떤 마음을 받고 싶냐는 주치의의 질문에 '이해'라고 대답했지. 이해받기 위해 말하고 또 말했어. 내 마음이 어떤지, 내가 어떤 사람인지. 마음이 틀어지고 실망하기도 했지만, 포기하지 않았어. 이해받기 위해 부단히 노력했어. 그 정도로 내게 이해는 간절한 것이었어.

그런데 지금은 조금 다르게 생각해. 나를 이해하려 한 사람들의 노력은 거짓이 아니었어. 다만 나를 '완벽히' 이해하기에 부족했던 것뿐이야. 친구가 떠나갈 때 느꼈어. 그 누구도 나를 완벽하게 이해할 순 없다고. 중요한 건 이해하기 위한 마음이라고. 이해하고자 하는 마음만 있다면 누군가를 내 마음에 두어도 괜찮다고. 이 사실을 그때 알았더라면 그 친구는 아직 내 곁에 있을지도 몰라. 우린 어쩌면, 그 사실을 알기엔 서로 조금 어렸던 걸지도…

물론, 지금도 내 마음 한쪽에선 계속 외로워하고 실망하는 일이 반복돼. 조금이라도 더 이해받고 싶은 마음에, 더 이해하고 싶은 마음에, 그럼에도 더 가까이 다가가지 못함에 고개를 숙이곤 하지. 그래서 계속 나와 닮은 것들을 만들어내. 어쩌면 이 편지도 그중 하나일 수 있어.

너에게 다가가는 일은 곧 나에게 다가가는 일이니까.

그 누구도 나를 완벽하게 이해할 수 없다고.
중요한 건 이해하기 위한 마음이라고.

이해하고자 하는 마음만 있다면
누군가를 내 마음에 두어도 괜찮다고.

이 사실을 그때 알았더라면…
우린 어쩌면, 그 사실을 알기엔
서로 조금 어렸던 걸지도…

오랜 친구에게
불쑥 안부 전화를 걸어

갈수록 시간이 참 빨리 가.

하루는 물론이고 일주일, 한 달, 일 년이 금방 지나가지. 예전에는 하루하루가 버텨내기 힘들었는데 요즘은 하루하루가 순식간에 사라져. 시간이 흐르면 정말 모든 게 변하나 봐. 마음이든, 환경이든. 변한다는 말을 소스라치게 싫어하던 나인데 말이야.

그런데 다행히 나만 그런 것 같지는 않아. 반항적이던 어떤 친구는 취업한 뒤 사회생활 만렙인 능숙한 직장인이 되었고, 무슨 일이든 열정적이던 어떤 친구는 삶의 의욕을 잃고 어디론가 훌쩍 떠나버렸지. 누군가는 못 먹던 음식을 잘

먹게 되었고, 누군가는 분명 소주를 좋아했는데 어느 순간부터 위스키를 찾더라고.

관계도 마찬가지야. 둘도 없이 가까웠던 친구들(초등학교 친구라던가… 아, 그게 다인가)이 어느 순간 점점 멀어지더라. 사는 환경이 달라지면서 점점 할 얘기가 사라져 멀어지기도 하고, 갑자기 연락이 뚝 끊기기도 했어. 처음에는 속상해하고 슬퍼하고 화를 내기도 했지만, 지금 나는 결국 사람 관계가 다 이런 거구나 하고 받아들이게 됐어. 가까워도 어차피 멀어지게 돼 있다고. 그러니 너무 마음 주지 말자고.

그렇게 점점 더 무신경해지는 것 같아.
상처받기 싫은 마음에.

그런 이유에서일까, 난 연락을 잘 안 하는 편이야. 친구는 물론이고 가족이 걸어오는 전화도 잘 받지 않아. 카톡이나 문자도 확인을 미루다 잊어버리곤 해. 이런 내게 사람들은 틈틈이 보면 되지 않냐고 말하지만, 난 그 틈틈이 생각에 빠지곤 해. 내 세상에 푹 빠져선 주변을 잊어버리지. 그래서 요즘엔 만나는 사람들에게 미리 말하는 편이야.

사람과 가까이 지내는 일, 잘 못한다고…

그런데 어느 날, 친구로부터 전화가 왔어. 초등학교 때부터 알던 친구였지. 마침 손에 휴대전화를 들고 있어서 어쩌다 친구의 전화를 받게 되었어.

"잘 살아?"

잘 사느냐고? 음, 아무렇지 않게 던지는 그 말이 새삼스러웠어. 불쑥 걸려 온 전화에 불쑥 던지는 안부 인사. 연락 잘 안 받는 내 성격을 알면서도 먼저 연락해주는 친구. 여전히 내 친구구나 싶었지.

"그럭저럭. 너는?"

그렇게 들리지 않겠지만, 정말 고마운 마음에 건넨 말이었어(웃음). 나, 생각보다 무뚝뚝하거든. 친구는 똑같이 산다며 우리 언제 보냐고 물어왔지. 그 얘기 반년 전에도 했는데… 그사이 한 번도 만날 기회가 없었는데 똑같이 물어보더라. 그래서 언제 한번 가야지 하고 답했어. 둘 다 웃음이 터졌지. 둘 다 당분간은 만날 일이 없겠구나 생각한 거야.

"곧 만나자."

친구가 말했어.

"그래. 연락 줘서 고마워."

수다 없이 생사 여부만 확인하고 통화는 끝났어. 그 뒤로 또 한동안 연락이 끊겼지. 나는 나만의 세계에서 치열하고 살아냈고, 그 친구도 자신의 세계에서 나름 열심히 살았을 거야.

그래도 그 고마운 마음,
오랫동안 잊히지 않더라.

 그래서였을까, 어느 날 갑자기 나도 문득 그 친구가 떠오르는 거야. 평상시 같으면 '잘 살겠지' 속으로만 생각하고 연락할 엄두를 내지 못했을 거야. 그런데 잊히지 않는 그 고마운 마음이 날 움직이게 만들었어. 불쑥 연락해서 안부를 묻던 그 마음. 나도 친구에게 그 마음 똑같이 주고 싶었어. 그래서 대뜸 통화 버튼을 눌렀어.
 "어, 왜?"
 친구는 마치 어제 전화한 사이인 것처럼 답하더라.
 "그냥 안부차."
 나도 친구도 킥킥 웃었어.
 "어울리지도 않게. 술 마셨냐?"
 "아니, 그냥 생각나서 전화했어."
 다시 킥킥 웃었어. 별다른 얘기는 없었어. 잘 사느냐, 잘 산다, 그럼 됐다. 이게 대화의 전부였지.
 전화를 끊고 한참 멍하니 휴대전화를 봤어. 연락하는 일, 귀찮다고만 생각했는데 마음 어딘가 말랑말랑해져선 따뜻한 느낌이 들더라. 뭐랄까, 조금 사람다워졌다고나 할까. 할 얘기가 있어서도 아니고 외로워서도 아닌데 괜히 마음이 벅

차오르는 것 같았어.

이렇게 무심하게 안부를 물을 수 있는 친구가 하나라도 있는 내 삶이 괜찮게 느껴져서.

그 친구, 여전히 자기가 내게 어떤 마음을 줬는지 모를 거야. 별생각 없이 안부 전화를 걸었을 뿐일 테니까. 별생각 없는 그 마음이 어쩌면 내 마음에 꼭 들었는지도 몰라. 별생각 없이 나를 떠올려주는 사람이 있다는 그 사실이. 그렇게 나도 별생각 없이 누군가의 안부를 묻는 사람이 될 수 있었어.

누군가의 마음에 다가가는 일.
조금 귀찮지만 전화기를 들고,
통화 버튼을 누르고,
신호를 기다렸다가,
전화받는 상대방에게
"잘 지내?"
무심한 인사를 건네는 일.
고마운 마음을 서로 나누는 일.

안부라는 건 고마운 마음인가 봐.

말하고 싶지 않았던 것들을
큰 소리로 이야기해보며

때로는 비밀도 아닌데,
말하지 않는 게 편한 것도 있어.

이를테면 내 마음 같은 것. 내가 처한 상황이나 속사정, 감정 같은 건 말하지 않는 편이 더 나을 때가 있지. 그건 뭐랄까, 비밀이라기보다는 '알리지 않는 것'에 가깝달까. 그냥 아무런 말도 하지 않으면 돼. 내 목소리를 감추면 누구도 알아챌 수 없어.

나는 늘 그런 쪽이었어.
처음 정신병원에 입원했을 때도 가족에게 입원 사실을 알리지 않았어. 따로 산 지 오래돼서 내가 몇 달 동안 사라져도 모르셨을 거야. 휴대전화 소지도 안 되는 폐쇄병동에 아무도 모르게 입원해서 죽은 듯 살았지. 내 상황을 어디에 어떻게 왜 얘기해야 하는지도 몰랐던 것 같아.

마냥 두려웠거든. 마주하는 것이.

어린 시절, 아버지가 떠나가셨을 때도 나는 왜인지 묻지 않았어. 이혼하셨다는 걸 알게 된 열셋의 어느 날도 똑같았지. 다음 해, 내가 죽어버렸으면 좋겠다고 말한 엄마의 목소리가 벽을 넘어 들려왔다는 사실도 숨겼어. 늦은 새벽, 엄마는 내가 잠들었다고 생각했겠지. 그래서 그런 얘길 했겠지. 실은 다 듣고 있었는데. 차라리 엄마의 착각처럼 듣지 않았다면 좋았을 텐데.

어린 시절의 난, 엄마가 날 미워하는 게 아닐까 생각했어. 나를 대하는 태도와 오빠를 대하는 모습이 달랐거든. 어떻게든 더 사랑받으려 노력해봐도 달라지는 건 없었어. 오히려 더 멀어지는 것 같았지. 중학교에 입학했던 해 4월은 그 생각을 세 살 터울 오빠에게 처음으로 말한 날이었어. 엄마가 날 미워하는 것 같다고. 나도 사랑받고 싶다고. 내게 남은 것은 엄마뿐이라고. 몇 월인지 아직까지 기억하는 건, 생일을 열흘 남긴 날이었기 때문이야. 그런데 그날 밤 나는 엄마의 목소리로 그 말을 들었지.

"걔가 죽었으면 좋겠어."

그 차갑고 날 선 마음이란… 엄마의 말을 듣는 순간 나는 이를 악물었어. 절대 알아서는 안 될 비밀을 알아버린 사람처럼 숨을 참았지. 몇 번이고 그때 그 말에 대해 물어보고 싶었어. 그 말, 진심이었냐고. 하지만 말을 꺼내기 전에 눈물부터 나오더라. 매일 밤 소리 죽여 울기만 했어. 엄마가 깨지 않게. 내가 더 상처받지 않게.

그때부터 마음의 문을 쾅 닫았던 것 같아. 내 마음을 밖에 말하는 순간 오히려 더 상처받는 일이 생긴다면서. 말하지 않는 게 나를 위한 일이라면서. 아득한 기억이야. 이제 나는, 나는…

아-아-. 목소리를 내봐. 목에 손을 대고 목소리의 떨림을 느껴봐. 이 떨림이 누군가에게 전해질 수 있을까. 떨림이 전해지면 서로의 마음이 통할 수 있을까. 어쩌면 나는 그걸 두려워했는지도 몰라. 내가 말하는 것보다 상대방의 얘기를 듣는다는 거. 어떤 얘기를 듣게 될지 모르잖아.

오랜만에 친구를 만났어. 이십 대 초반에 처음 만났으니 지금은 그 친구도 나도 서른이 넘었지. 얼굴을 보자마자 너무 반가워서 손을 맞잡았어. 할 얘기가 너무 많아서 무엇부터 꺼내야 할지 모르겠더라. 카페에서 한참 수다를 떨다가 술집으로 이동했어. 그런데 카페와 달리 너무 시끄러워서 대화를 하기 어렵더라고. 우리도 왁자지껄했지만, 주변이 더 왁자지껄해서 아예 목소리가 들리지 않았어. 술에 취하면 다들 귀가 잘 들리지 않는 모양이야. 나도 모르게 인상이 찌푸려졌지.

그런데 어느 순간 이런 생각이 들더라. 술 때문이든 무엇이든 다들 자신의 상황과 마음을 얘기하기 위해 최선을 다해 큰 소리 내고 있다고.

친구가 물었어.

"다른 데 갈까?"

"아니. 괜찮아."

나는 고개를 저었지. 그러곤 사람들의 얼굴을 찬찬히 살폈어. 붉어진 얼굴들 사이로 슬픔과 즐거움이 보였어. 가면을 쓰지 않은 사람들의 생생한 표정과 목소리가 하나하나 느껴졌지. 그렇게 우린 분위기에 젖어 들었고, 내본 적 없는 큰 소리로 대화를 나누기 시작했어.

나 또 입원했어!

나는 시험 떨어졌어!

얼마 전엔 사기도 당했다니까! 진짜 내가 한심해 죽는 줄 알았어!

하하, 진짜? 나도 그런 적 있는데!

'알리지 않는 것'에 가까운 얘기들이 아주 큰 소리로 오갔어. 친구와 나는 서로의 얘기를 듣기 위해 고개를 숙이고, 귀를 가까이 대고, 과장되게 손을 흔들며 크게, 더 크게 대화했어. 술기운이었을 수도 있지만, 이상하게 마음이 풀리더라. 목소리의 진동이, 떨림이 마음속 응어리를 밀어내는 느낌이었어. 실컷 소리 지르면서 화를 내고 나면 스트레스가 풀리는 것처럼 말이야.

그때 알았어.

목소리를 낸다는 건 꽉 막힌 마음을

밀어내는 일이라는 걸.

마음이 소리를 타고 밖으로 나간다는 걸.

모두에게 내 상황을, 감정을, 속마음을 얘기할 필요는 없어. 모두에게 날 설득시킬 필요도 없어. 하지만 얘기하지 않으면 아무도 알아주지 않아. 마음과 생각은 메아리가 되어 계속 내 안을 맴돌겠지. 그러다 너무 시끄럽고 소란스러워지면 난 늘 그렇듯 병원을 찾아 약을 받을 거고.

어쩌면 우리에게 필요한 건 단 한 사람인지도 몰라. 큰 소리로 나에 대해 얘기할 수 있는 사람. 넌 어떤 사람이 떠오르니? 혹시 나인가? 농담이야(웃음). 그래도 나라면 기쁠 것 같아. 적당히 시끄러운 곳에 자리 잡고 앉아 더 시끄럽게 이야기할 수 있는 사람.

그러면 우리 아-아-, 작은 목소리를 아! 아아! 크게 소리 내보며 속에 있는 얘기들을 주고받지 않을래?

2장

당신이

모르는 사람들 사이에서
펑펑 울어보며

언제부터인지 모르겠는데 우는 일에 관대해졌어.

예전에는 울면 안 된다고 생각했어. 울다가 '네가 뭘 잘했다고 울어!'라는 말 한 번쯤 들어본 적 있잖아. 그래서일까. 속상한 일이 있어도 이를 악물고 참다가 결국 눈물이 흐르면 내가 먼저 사과를 하곤 했지. 마음 쓰이게 해서 미안하다고, 습관처럼 미안하다고. 그런데 지금은 울고 싶은 기분이 들면 그냥 울어버려. 확실히 기분이 나아지거든.

꾹꾹 참아냈던 것 같아. 퇴근할 때까지 어떻게든 버텨야 한다고 생각했어. 일하는 곳에서 울어버리는 일, 정말 겪고 싶지 않았거든. 일하는 내내 머리와 가슴이 따로 분리된 느낌이었어. 가슴에선 눈물을 올려 보내고 머리에선 눈물을 밀어 내렸지. 눈물은 늘 목 근처에 머물렀던 것 같아. 일에 집중하는 척하면서 그 존재를 모른 척했어.

퇴근길 지하철에서도 마음은 쉽게 진정되지 않았어. 일단 견뎌냈다는 안도감과 이제 어떻게 해야 하나 하는 막막함이 동시에 들었지. 내일도 출근해야 하고, 모레도 출근해야 하고, 그다음 날도 출근해야 한다고 생각하니 머리가 멍해지더라. 이제 갓 사회로 나온 햇병아리인 내게 회사생활은 너무 힘겨웠거든. 가르쳐주는 사람도 없이 일하는 건 정말이지 쉽지 않았어. 아슬아슬한 날들이 반복됐지. 그날도 실수를 하는 바람에 '너 같은 애는 잘라야 돼!'라는 얘기를 들었어. 나 나름 노력했는데… 어떻게든 해내고 싶었는데… 잘하고 싶었는데… 그렇게 쓸모없는 인간이었을까.

그때였어.
가슴에서부터 울컥 눈물이 올라온 건.

지하철에서 내려 개표구에 교통카드를 찍는 순간이었어. '내렸다'는 사실이 무슨 세상의 종말이라도 찾아온 것처럼 느껴지더라. 다리에 힘이 풀려 그대로 주저앉았어. 고개를 숙이자 머리카락이 세상의 시선을 가려주었지. 그때부터 참을 수 없이 눈물이 흘렀어. 주체할 수 없었어. 소리 내어 펑펑 울기 시작한 거야.

'죄송해요'라고 말할 틈도 없었어. 너무 많은 사람이 스쳐 지나갔지. 개표구에 주저앉아 우는 이십 대 초반의 나를 쳐다보면서. 너무 슬퍼서, 너무 힘들어서 부끄럽다는 생각조차 들지 않았어. 세상을 신경 쓰지 않고 울었어. 마치 혼자인 것처럼. 다가와서 괜찮냐고 묻는 사람도 없었어. 나를 스쳐 지나간 사람들은 아마도 집에 가서 나에 대해 얘기했겠지. 지하철에서 세상 서글프게 우는 사람에 대해.

그렇게 혼자 울다 일어서서 한 걸음씩 발을 뗐어. 눈물이 멈추지 않았지만, 계속 주저앉아있을 순 없잖아. 눈물 콧물로 범벅이 된 얼굴을 닦으며 천천히 걸었어. 퇴근길의 사람들은 무심했지. 아니, 머리카락이 얼굴을 가려 눈치채지 못했을지도 몰라. 하지만 내 옆을 지날 때 슬픔을 느꼈는지 흘긋 쳐다보는 사람도 있긴 하더라.

집에 걸어가는 내내 눈물은 멈추지 않았어. 역에서 이십 분은 걸어야 했는데 그간 계속 운 거야. 나도 참… 뭐가 그리 서러웠는지. 걷다가 눈물이 너무 흐를 땐 벤치에 앉아 쉬기도 했어. 도시가 이토록 어두웠나 싶더라. 나중에는 우는 것도 지쳐서 지나가는 사람들을 멍하니 바라봤어. 저 많은 사람 중 아무도 내게 안부를 묻지 않는다니, 참 이상한 세상이구나 싶더라.

집에 도착하니까 눈물이 그쳤어. 너무 울어서였겠지. 그런데 눈물이 바닥난 그 자리에 설명하기 힘든 어떤 감정이 솟아나더라. 퉁퉁 부은 두 눈을 씻고 따뜻한 물로 샤워를 했어. 개운하더라. 처음이었는데. 누구에게도 미안해하지 않고 그 많은 사람들 사이에서 엉엉 울어본다는 게. 나를 스쳐 간 모든 사람이 내 슬픔을 목격한 증인이었지. 내 슬픔을 포착한 무수히 많은 증인들.

지금도 그때를 생각하면 뭐랄까, 딱히 슬프지는 않아. 분명 처절하게 슬픈 순간이었는데 슬프게 기억되진 않아. 아무도 위로해주지 않았고 아무것도 해결되지 않았는데. 왜일까. 시원하게 펑펑 울어버린 덕분일까.

아닐 거야. 그 뒤로도 펑펑 운 적 있었는데 그날과는 분명 달랐어. 내 생각엔 모르는 사람들 사이에서 울었던 게, 그 많은 사람이 내 슬픔의 증인이 되어주었다는 게 조금 위로가 됐던 것 같아. 그 사람들이 집에 가서 전했을 그 말이…

"지하철에서 세상 서글프게 우는 사람이 있더라. 아주 슬프게. 아주."

다시 말하지만, 지금 나는 조금 더 잘 울어. 얼마 전엔 통화하다 펑펑 울어버려서 상대방이 당황하기도 했지. 그런 걸 보면 슬픈 일은 항상 존재하는 것 같아. 그때나 지금이나. 달라진 게 있다면 지금은 그걸 어떻게 해결해야 하는지, 어떻게 마주해야 하는지 경험으로 조금 더 알게 된 것뿐. 슬플 때는 그냥 빨리 울어버리자. 그게 내가 터득한 노하우야. 그래서 나이가 들수록 눈물이 많아지는 걸지도 몰라.

그때까지 나는 다른 사람 앞에서 제대로 울어본 적 없었어. 걱정 끼치는 게 미안해서. 나중에 부끄러울까 봐. 그런데 혼자 울다 보면 슬픔이 점점 깊어지더라. 이 슬픔을 나 말곤 아무도 모른다는 생각이 더 슬프게 느껴지더라. 이 슬픔을 나 혼자 견뎌야 한다는 게 정말 못 견디게 무겁더라.

그래서였을 거야. 모르는 사람들 사이에 펑펑 눈물 흘린 기억이 외롭지 않았던 건. 스쳐 지나갔더라도 누군가는 내 슬픔을 봐주었으니까.

나는 외로운 사람이었지만,
그렇게라도 살고 싶었던 거야.

의사의 말에
사소한 꼬투리를 잡아보며

상담실에서 오히려 상처받았다는 네 얘기에
나는 옳다구나 맞장구를 쳤지.

그러자 너는 되물었어. 나도 상처를 받냐며. 저런… 내가 얼마나 차가워 보였으면 상처도 안 받을 것처럼 보였을까. 나는 웃으며 이렇게 답했지.

"처음에는 얼마나 싸웠는데. 화를 내고, 일부러 말도 안 해보고, 또 화해하고. 이제 뭐 하나 잘못 얘기하면 꼬투리까지 잡아. 어휴, 의사들이란… 이렇게."

내 얘기를 듣고 네가 깔깔 웃어댔지. 정말이에요, 의사들이란, 이러면서.

지금의 주치의를 알게 된 건 칠 년 전이야. 세 번째로 만난 의사였어. 첫 번째 의사와 두 번째 의사는 정말 꽝이었지. 심지어 첫 번째 의사는 내게 이렇게 말했어.

"괜히 아픈 척 하는 거 아니야?"

두 번째도 비슷했어. 의사에 대한 실망감 때문에 정말 가고 싶지 않았는데, 안 가면 죽을 것 같아서 어쩔 수 없었지. 거식증으로 비쩍 마른 몸에 공황장애가 찾아와 길에서 쓰러졌거든. 우울증은 늘 내게 속삭였어. 이제 그만하자고. 모든 걸 끝내자고.

지금의 주치의를 처음 봤을 때도 속으로 '아, 역시!' 하고 한탄했어. 사무적인 사람 같았거든. 내 마음을 알아주긴커녕 증상만 계속 물어보는데 나중에는 답하기 힘들 정도로 어지럽더라. 마지막에야 겨우 이렇게 묻더군.

"죽고 싶다는 생각을 해본 적이 있나요?"

당연히 죽고 싶었지. 그제야 의사는 조금 인간적인 말을 해줬어.

"시도를 하기 전에, 마지막으로 저와 한마디만 나눠보죠."

여전히 무덤덤한 얼굴로. 그런데 그 무덤덤함이 이상하게 신뢰가 가더라고.

난 석 달 만에 약속을 지켰어. 자살 시도를 한 다음 날, 병원을 찾았지. 그 뒤로 어떻게 됐냐고? 폐쇄병동에 반년 동안 입원했어. 입원까지 시킬 줄은 몰랐는데… 속아버렸지 뭐야.

그 입원을 계기로 주치의와 나의 끈질긴 인연이 시작됐어. 스물세 살 때부터 스물다섯 살 때까지 병원에 입원한 기간만 일 년이 넘었지. 일 년 동안 매일 얼굴을 마주하면서 상담을 받은 거야. 우리도 사람인지라 때로는 싸우기도(?) 하고, 화해하기도 하고, 웃기도 하고, 아, 울진 않았네(웃음). 나 독할 정도로 의사 앞에서 안 울었거든. 퇴원한 후에도 주1회는 병원에 갔어. 물론 지금도 가고. 상태가 안 좋아지면 언제든 병원에 입원시킬 셈인지 놓아주지 않더라. 그 덕에 입원 횟수가 이제는 셀 수 없을 정도야. 그 정도로, 음, 나를 상대하다 보면 긴장을 놓을 수 없는 건가.

지금은 주치의 입장도 조금 이해가 돼. 내가 경험해보지 못한 감정을 이해하고 공감하기란 쉬운 일이 아니니까. 직업적으로 나 같은 사람을 만나는 것도 힘들 테고. 그래서 더 냉정하게, 딱딱하게 대하는 것 같아. 때로는 답답한 마음에 도대체 왜 그러냐며 질책하기도 하고, 화내는 것처럼 보이기도 해. 상처주는 말을 하기도 하고.

의사도 사람이니까…

그런데, 상처받는다는 거.
어쩌면 상대를 가까이 여기기에,
오래 함께하고 싶다는 마음이 있기에 받는 거 아닐까.
특별하게 생각하지 않으면 상처받을 이유가 없잖아.

네가 의사에게, 혹은 상담사에게 상처받았다는 건 역시나 그런 소중한 마음이 있기 때문이라고 생각해. 나 역시 그랬고. 그래도 몇 해를 같이해보니 알겠더라. 관계가 끊어지지 않으면 그 상처를 풀어낼 기회가 생긴다는 걸. 예를 들면, 의사가 상처줄 만한 얘기를 꺼냈을 때 속으로 생각하지 말고 이렇게 말하는 거야.

"어! 그거 좀 상처인데요?"

그럼 의사가 눈이 동그래져서 묻겠지.

"어떤 점에서 상처라고 생각하나요?"

"저는 관계성을 중요하게 생각하는데, 선생님이 부담스럽다고 그러시면 제가 어떻게 느끼겠어요. '부담스럽다'는 단어는 계속 제 마음에 남아서 선생님을 피하게 만들 수도 있을 것 같아요."

그럼 의사는 다소 미안한 표정을 지으며 이렇게 말하겠지.

"제 의도는 그런 게 아니었는데, 그렇게 느낄 수도 있겠군요."

환자가 조목조목 따지고 들면 어쩔 수 없이 의사도 변명을 하거나 사과를 하게 돼. 때론 환자의 의견에 반박을 하기도 하고. 이럴 땐 상담이 아니라 마치 토론을 하는 기분이지. 그러다 보면 서로에 대한 오해가 사라져.

'아, 내게 상처주기 위한 의도가 아니었구나. 나에 대해 조금 다르게 생각하고 있구나. 나를 생각해서 그런 거였구나.'

그냥 듣고 말았으면 평생 상처로 남았을 말이, 꼬투리라도 잡아보는 순간 오해를 풀기 위한 대화로 이어지는 거지.

상담은 내게 일종의 연습이었어. 사람 연습 같은 거. 아기들이 걸음마를 할 때 넘어져도 다치지 않게 바닥에 푹신한 매트를 깔곤 하잖아. 그런 것처럼 상담도 기본적인 안전장치를 깔고 시작해. 바로 '신뢰'라는 거. 네가 무슨 말을 하든 들어주는 사람, 절대로 비밀을 지키는 사람, 오해할 만한 부분이 있다면 끝까지 설명하는 사람. 그런 신뢰가 깔려 있기에 나처럼 소심한 사람도 상담실에서 무엇이든 얘기할 수 있는 거야. 오해를 대화로 풀어보겠다고 덤빌 수 있는 거야.

그렇게 오랫동안 상담을 하면서 나는 주치의가 아닌 보통 사람에 대한 신뢰도 조금 가질 수 있게 되었어. 날 버리진 않을까 전전긍긍하던 마음을 내려놓고 동등한 입장에서 얘기할 수 있게 됐지. 내가 조금 이상한 소리를 해도 믿어줄지 모른다는 기대를 하게 된 거야. 음, 끝까지 포기하지 않은 나와 주치의의 공동 성과랄까.

지금도 나는 주치의의 말에 툭하면 '어휴, 의사들이란…' 하고 꼬투리를 잡아. 하지만 딱히 상처주기 위해 한 말이 아니란 걸 알기 때문에 서로 웃음으로 넘겨. 그러니까 너도 상담해주는 사람의 말에 상처받기보다는 이렇게 말해봐.

"어휴, 의사들이란 정말이지…"

상처받는다는 거,
어쩌면 상대를 가까이 여기기에,
오랫동안 함께하고 싶다는 마음이 있기에
받는 거 아닐까.

특별하게 생각하지 않으면
상처받을 이유가 없잖아.

커피 한잔을 앞에 두고
삶이 무엇인지 물으며

"언니는 사는 게 뭐라고 생각해?"

네가 질문을 던졌을 때 우리 앞에는 아이스 아메리카노 두 잔이 놓여 있었지. 얼음이 녹아서 유리잔에 송골송골 물방울이 맺히고 있었어. 술이 놓여 있었다면 취중에 가볍게 넘어갔을 말인데, 정신이 너무 멀쩡해서 그럴 수 없더라. 나는 가만히 네 두 눈을 바라보았어. 무덤덤해 보이는 그 눈 속 어딘가 간절함이 느껴져 속이 타더라. 나는 아이스 아메리카노를 한 모금 마시고 되물었지.

"너는 뭐라고 생각하는데?"

"나는… 나는 모르겠어. 도저히 모르겠어."

너의 시선은 여전히 나를 향해 있는데, 나를 보고 있는 것 같진 않았어. 어디를 봐야 할지조차 모르는 것 같았어. 반면에 나는 흔들림 없이 너를 쳐다봤지. 날 봐도 돼. 그렇게 말해주고 싶었어. 최소한 나는 너를 믿고 있으니까. 네가 힘들 때 곁에 있을 거니까. 그러니까 시선을 피하지 말고 나를 쳐다봐 달라고.

무슨 말을 해야 했던 걸까. 그때를 생각하면 지금도 깊은 생각에 잠겨. 나는 오랫동안 고민한 끝에 입을 열었어.

"사는 것에 관한 내 나름의 기준이 있기는 해. '내 마음 편한 것'이 내 삶의 중심이야. 내 마음만 편할 수 있다면 이 세상에 무슨 일이 일어나도 별 신경 쓰지 않을 거야.

그런데 불행하게도 나는 선의를 좋아해. 선한 일들, 선한 행동. 선하지 않은 일들과 행동은 내 마음을 불편하게 만들어. 그 선의를 지키려다 보니 늘 불편한 상황에 처하곤 하지. 남들에게 착해빠졌다는 말을 듣기도 하고. 딱히 착한 사람은 아닌데.

그러다 보니 때론 무관심한 마음과 냉정한 마음이 나를 휘감기도 해. 내 나름의 기준이 나를 상처받게 내버려 두지 않거든."

스무 살을 갓 넘긴 너의 그 질문에 나는 그 시절의 나를 떠올렸어. 너처럼 세상이 너무 우울해서 차라리 죽는 편이 낫다고 생각했던 날들. 나를 둘러싼 어느 것에도 희망이 느껴지지 않던 날들.

몇 년 동안 폐쇄병동 입원을 반복하면서 계속 같은 질문을 던졌어. 왜 살아야 하는 걸까? 왜 살고 있는 걸까? 하루하루 살아있는 게 후회되는데, 과연 사는 게 낫다고 말할 수 있을까? 사람들은 왜 그래도 사는 게 낫다고 말하는 걸까? 저 사람들이 내 입장이 되면 과연 똑같이 말할 수 있을까? 아니라고 생각했어. 누구라도 죽고 싶을 거라고 생각했어. 아무도 내가 아니니까, 그렇게밖에 말할 수 없다고 생각했어.

병원에 갇혀 있을 때 나는 왜 죽는가에 관해서도 생각했어. 인간이 죽음을 선택하는 때는 언제일까? 나는 왜 계속 죽음을 갈망해왔을까? 살아갈 수 있는 힘은 무엇일까? 그 질문에 답하기 위해 나는 퇴원할 때마다 조금씩 다른 삶을 선택했어. 어느 순간에 죽고 싶고 어느 순간엔 살고 싶은지 알기 위해. 나를 알아가기 위해. 삶과 죽음 사이에 늘 나를 두고 살았지.

그런데도 지금까지 살아있는 건 내 의지가 강했다기보단 그저 기적이라고 생각해. 수차례 죽을 위기까지 갔으니까. 그럼에도 간신히 목숨만은 건져왔으니까. 죽음을 습관처럼 여기다 보니 어느새 무뎌진 걸지도 몰라. 그래서 사는지도 몰라.

많은 게 불확실했지만, 나는 네게 이것만은 말할 수 있었어.

"난 삶과 죽음을 동시에 생각해."

네가 귀를 쫑긋 세우는 게 느껴졌지.

"사실 네게 삶을 얘기할 수 있는 지금의 나는, 죽음을 오래 고민했던 내가 있기에 가능한 거야. 그런 고민을 오랫동안 하다 보니 어쩌다 그럭저럭 사는 법을 배웠어. '마음 편한' 삶의 기준이 생겼고, 내가 무얼 해야 하는지, 무얼 원하는지도 알게 되었지. 그러니까 내가 하고 싶은 말은, 네가 설령 죽음을 염두에 두고 있다 하더라도 나는 널 이상하게 생각하지 않는다는 거야. 살고 죽는 일이라는 게 결국 이어지니까."

나는 숨을 돌렸고, 너는 이해할 수 없다는 표정을 지었지. 내가 아는 모든 걸 네게 말하고 싶지는 않았어. 네가 너만의 답을 찾아갈 수 있을 거라 믿었거든. 내 주변에 있던 사람들이 나를 믿었던 것처럼. 응급실로 날 데려가던 남편, 수십 번의 자살 시도에도 포기하지 않은 주치의, 내 마음을 있는 그대로 들어주던 사람들. 내가 지금 이렇게 살아있는 건 그들의 믿음이 가져온 기적이니까.

　너는 말없이 유리잔에 맺힌 물방울만 쳐다보았어. 나 역시 그 모습을 한참 보다가 말을 더했지.
　"지금 이 얘기가 네게는 무의미하게 들릴 수도 있어. 이건 내 얘기니까. 얼마 전에 읽은 책 제목이 신기하게도 내가 좋아하는 말이랑 똑같더라. '내가 틀릴 수도 있습니다.' 내가 틀릴 수도 있어. 너는 더 멋진 삶의 방식을 찾아낼지도 모르지. 나는 그걸 지켜보고 싶어. 네가 고민하는 모습도, 어떻게든 살아내는 모습도."

　내가 말을 마칠 때까지 너는 아이스 아메리카노를 한 모금도 마시지 않았어. 삐뚤게 앉아 나를 곁눈질했지. 시답잖은 위로라고 생각했을지도 몰라. 네가 원하는 대답이 아니었을 수도 있고.
　하지만 나는 솔직히 네가 원하는 답이 뭔지 알 수 없었어. 몇 년 더 살았다고 마음을 읽어내는 능력이 생기는 건 아니니까. 오직 내가 할 수 있는 건 진심을 말하는 일밖에 없었지. 진심을 담을 수 있다면 어떤 말을 하든 후회하지 않을 수 있다고 생각했거든.
　그때 내 얘기를 들은 네 마음이 어땠는지 나는 아직도 궁금해. 너는 커피를 다 마시지도, 네 얘기를 더 하지도 않았으니까. 얼음이 다 녹아 색이 연해질 때까지 멍한 표정으로 유리잔만 보았지.

하지만 괜찮아. 가는 길이 다를 수 있지만 진심은 어떻게든 닿을 테니까.

나는 틀릴 수도 있지만,
그건 내 진심이었어.

한 살이라도 어릴 때
부모님 말씀 좀 안 듣고

나를 꼭 만나보고 싶었다며 다가온 그 애의 모습은
한눈에 봐도 앳돼 보였어.

열일곱 살의 소녀는 부끄러움과 설렘이 가득한 표정을 짓고 있었지. 그 모습이 어찌나 사랑스럽던지. 그럼에도 많은 사람 중 하필 나를 만나보고 싶었다는 얘기에 나는 마음이 무거웠어. 그 애가 지닌 마음의 짐은 무엇일까. 인생이 행복했다면 내 글 따위는 가볍게 지나쳤을 텐데.

마주 앉자마자 그 애는 마치 준비해온 것처럼 고민을 쏟아냈어. 얼마나 말하고 싶었을까? 얼마나 듣고 싶었을까? 얼마나 기다렸을까? 나는 그 애의 질문을 하나하나 경청한

다음 내 생각을 얘기했어. 그때 들었던 질문 하나가 아직도 기억나.

"제가 너무 못나 보여요.
자기를 사랑한다는 건 도대체 어떤 거예요?"

모두 자기를 사랑하라고 말하는데, 어떻게 사랑하는지는 말해주지 않는다는 거야. 자기들한테는 너무 당연한 일이어서, 다른 사람도 당연히 알 거라고 생각한 거지. 왜 머리가 너무 좋은 사람은 가르치는 데 소질이 없다는 얘기도 있잖아. 왜 모르는지 이해를 못 하니까 말이야. 다행히 나는 머리가 좋은 편이 아니었어. 특히 나를 사랑하는 쪽으로는.

"예를 들어 내가 열심히 공부했는데 시험을 망쳤어요. 그럼 어떤 기분이 들 것 같아요?"
"나는 왜 이것밖에 못 하지…"
"그럼 친한 친구가 열심히 공부했는데 시험을 망쳤다면 뭐라고 얘기해줄 거예요?"
"그래도 열심히 했다고…"
"그죠. 그 얘길 자기 자신에게 해주는 거예요. 그게 자신을 사랑하는 일이에요."

"... 아!"

그 애의 눈빛이 반짝였어. 그러고는 내 대답이 마음에 들었는지 마음속에 꽁꽁 숨겨 두었던 이야기를 들려주었지.

그 애의 어머니는 교육열이 넘치는 분이었어. 하지만 그 애는 아니었지. 결국 어머니의 기대를 감당하지 못해 우울감을 느끼기 시작했고, 학교에서도 친구들과 어울리기 어려웠대. 워낙 공부를 많이 하니 성적은 어떻게든 나왔지만, 학교 가는 일은 괴로웠을 거야. 함께 밥 먹을 사람조차 없었으니까. 중학교를 그렇게 보내고 선택한 진로는 대안학교였어. 학교를 벗어나고 싶은 그 애의 마음과 어떻게든 학교는 보내고 싶은 어머니 마음 사이의 아슬아슬한 합의였달까. 하지만 그래도 그 덕에 나를 만날 수 있게 됐다며 그 애는 웃었어. 멘토를 찾아서 만나보는 게 학교 과제였거든.

그 애는 나를 '멘토'라고 불렀지만, 내 생각은 조금 달랐어. 나는 그냥 먼저 마음 아파본 사람일 뿐이니까. 솔직하게 마음 털어놓는 법을 수많은 시행착오 끝에 알게 된 사람일 뿐이니까. 그나마 내가 한 말 가운데 가장 멘토다운 것은 이거였어.

"제발 한 살이라도 어릴 때 부모님 말씀 좀 듣지 말아봐요."
"왜요?"

"나를 빨리 포기하게 만들어야 내가 자유로워지거든요."

 그 애가 까르르 웃더라. 내 표정이 사뭇 진지해서 더 웃음이 났나 봐. 부모님들이 들으면 싫어할 소리지만, 나는 그 애 또래 친구들에게 항상 이렇게 얘기해. 한 살이라도 어릴 때 부모님 말씀 좀 듣지 말아보라고. 빨리 포기하게 만들어서 조금이라도 더 자유롭게 살아보라고.

 물론 무책임하게 살라는 얘기는 아니야. 하고 싶은 게 생기면 눈치 보지 않고 언제든 시도할 수 있는 삶을 살아보라는 얘기지. 부모님의 기대와 바람은 대개 나를 내 방식이 아닌 다른 방식에 가두곤 하니까.

 사실 그 애가 한 얘기는 내가 아니라 그 부모님이 들어야 하는 거였어. 하지만 그 애는 아픈 마음을 부모님께 털어놓는 것도 힘들어했지. 부모님의 바람대로라면 우리는 언제나 건강하고 안 아파야 할 테니까. 그런데 그게 사람 마음대로 되는 일이냐고. 그러다 보니 부모님의 기대를 충족시키지 못하고, 숨기고, 더 아파하는 일이 반복되는 걸 거야.

 살다 보면 부모님과 함께하는 시간은 생각보다 짧다는 걸 알게 돼. 부모님과 떨어져 사는 시간이 훨씬 길지. 그러니 결국 인생을 살아가게 만드는 건 부모님의 바람이나 기대가 아니라 내 자신의 의지야. 공부를 하든, 회사에 다니든 자신이 하고 싶은 일을 선택하고 책임져야 해. 물론 다른 사람의 기준과 기대를 충족시키는 게 의미 있다고 생각한다면 그래도 괜찮아. 하지만 묻고 싶어. 정말 그러길 원하냐고. 그게 진짜 네 뜻이냐고.

그때는 차마 얘기하지 못했지만, 나는 무척 고집쟁이여서 우리 부모님은 날 금방 포기했어. 다들 한 고집 하시는데 내가 더 셌거든. 어릴 때부터 밥 좀 먹으라고 해도 절대 안 먹고, 마음에 안 드는 옷은 무슨 일이 있어도 입지 않았지. 결석하지 말라면 결석하고, 고등학교는 졸업해야 한다는 말에 학교를 때려치웠어. 집 나가면 카드 압수한다는 말에 스스로 카드를 내던지고 나가버렸지. 아, 대학도 가라고 하셨는데 아직 안 갔네. 시간이 흐르면서 내 고집은 물러졌지만, 일찍부터 말을 안 들은 덕분에 우리 집은 아직도 날 있는 그대로 받아들이는 분위기야. 뭘 해도 제멋대로 알아서 잘 사는 애라면서.

어때?

부모님 말씀 좀 안 듣는다고 큰일 나는 거 아니지?

남들이 모르는
내 흉터를 숨기지 않고

이런 얘기,
네가 불편해하지 않을까 걱정부터 들어.

 단순히 누군가의 호기심을 채워주기 위해 몇 번이고 거짓말해왔을 너의 모습이 떠오르거든. 넌 그게 익숙해져선, 오히려 솔직하게 얘기할 때 심장이 두근댔을지도 모르겠네. 그 얘기를 듣는 내 심장이 두근댔듯이.
 나만 아는 흉터라는 거, 애처롭게 느껴져. 말하고 싶지만 말할 수 없었던 이야기, 솔직하게 드러낼 수 없었던 마음들, 기대했던 것들에 대한 실망, 지우고 싶어도 지워지지 않은 기억이 한데 모여 깊게 자신을 파고든 것 같아서.

애써 숨기는 흉터를 보며 스스로 위로했을 너를 생각해. 네가 차마 하지 못한 말은 무엇이었을까.

내게도 말하지 못하는 슬픔이 있었어.
도저히 다른 사람에게는 보여줄 수 없는 그런 흉터.

한때 사랑했던 모든 이가 떠나고, 또다시 버려지는 게 두려워 누구에게도 쉽게 다가가지 못했지. 그런 와중에도 슬픔을 드러내지는 못했어. 슬픔을 드러내는 순간 다들 나를 피하니까. 어떻게든 웃어야 했지.

'너는 참 밝은 사람인 것 같아.'
가장 슬플 때 가장 많이 들었던 말이야.

아니라고, 나 그런 사람 아니라고, 말하지는 않았어. 내 슬픔을 입 밖으로 꺼내서 그 사람에게 상처주기 싫었거든. 이별에 상처받을 내 모습도 싫었고. 그러다 보니 나중에는 내가 입을 여는 일 자체가 상처라고 생각했던 것 같아. 누구도 내 우울하고 슬픈 감정을 보고 싶지 않을 테니까. 심지어 나조차도. 상처받고, 우울해하고, 슬픔에 잠식된 내 모습, 나도 싫었으니까.

그럼에도 내 상처를 보았던 사람들. 궁금해하고, 나누고 싶어 했던 사람들. 지금의 나처럼 심장이 두근거렸을까? 상대방의 마음을 가늠하다가 오히려 불안해하고 두려워했을까? 따로 해줄 수 있는 일이 없다는 게 이렇게 막막했을까? 그들의 마음, 지금의 나 같았을까?

손을 잡아.
부드럽게 감싸듯이.
다른 손으로 네 손목을 감싸.
깊은 상처까지 온기가 닿을 수 있게.

최소한 나는, 자신을 해치지 말라는 그런 얘긴 하고 싶지 않아. 수도 없이 들어왔을 테고 수도 없이 실패했을 테니까. 네게 더 이상의 패배감은 필요하지 않을 테니까. 무엇보다도 그런 위로를 받고자 네가 얘길 꺼낸 건 아닐 테니까. 대신 네 마음이 어떤지 헤아려 볼게. 그토록 숨겨오던 상처를 왜 나에게 보여줬을까. 왜 솔직하게 얘기했을까.

나는 물어.

"네 마음은 어때?"

아래를 내려다보는 너의 두 눈에서 온갖 마음이 쏟아져 내려. 슬픔, 우울, 무기력, 분노. 감당하기 힘든 것들이 잔뜩. 나 또한 그랬기에 같이 마음을 쏟아. 애써 설명하지 않아도, 이해시키지 않아도 된다고 얘기해. 아무 말도 하고 싶지 않다면 아무 말도 하지 말라고. 그래도 된다고. 다만 얘기하고 싶다면 참지 말아 달라고. 나는 그 어떤 기준으로도 너를 판단하지 않을 거라고. 그저 네 말 그대로 너를 믿을 거라고.

온기가 닿아서일까. 두서없는 얘기지만 너는 입을 떼고 천천히 말하기 시작해.

"… 내가 너무 싫어서 견딜 수 없어요. 정말이지 죽고 싶은데 아무도 내 마음 알고 싶어 하지 않아요. 부모님께 말하면 화내거나 울어버리고, 친구에게 말하면 점점 멀어지거나 떠나가죠. 얼마 전에 응급실에 가서도 똑같았어요. 상처를 꿰매면서 귀찮다는 식으로 말했죠. 제 사정을 아는 사람들도 그러는데, 모르는 사람들은 절 어떻게 볼까요? 제가 말할 수 있는 사람은 세상에 아무도 남지 않은 것 같아요. 내가 얼마나 상처받았는지. 내가 왜 이런 상처를 가져야만 하는지. 어떻게든 사람들을 설득시키려 해도 소용없다는 게 느껴질 때면 진짜 세상에 혼자 남은 것 같아요."

말하는 네 모습이 고맙고 존경스러워. 안아주고 싶어. 자신의 세상을 깨부수고 다른 사람들의 세상으로 나아가려는 그 모습. 대단한 일이니까. 네가 지금 얼마나 대단한 일을 해내고 있는지 말해주고 싶어.

네 말이 끝나기를 기다렸다가 너를 안아줘. 대답 대신 말없이. 너의 모든 상처를 내가 가려줄 순 없지만, 앞으로 생겨날 상처 하나쯤은 덜어주고 싶었어. 네가 자신에게 상처 내는 순간이 다시 오더라도 조금이나마 덜 아프게.

"네 말처럼 굳이 보여줄 필요는 없지.
하지만 숨길 필요도 없지 않을까."

돌아가는 길에 너와 나란히 걸으며 툭 뱉은 말이었어.

이미 생겨버린 흉터들은 굳이 가릴 필요 없어. 숨기다 보면 거짓이 쌓이고, 거짓이 쌓이면 네가 존재할 공간이 사라지니까. 거짓말로 우리 마음의 자리를 빼앗기지 말자고.

너는 계속 걸어. 나와 나란히 발을 맞춰서. 우리 사이에는 아무 말도 오가지 않아. 나는 흘긋 너를 봐. 너는 나와 눈을 마주치지 않아. 옷소매 사이에 숨겨진 상처 때문일까, 불쑥 꺼낸 마음에 내가 불편해한다고 생각해서였을까. 내 마음은 불편하지 않았는데…

입을 다문 너를 대신해 내가 혼잣말처럼 얘길 꺼내. 나도 그랬던 적이 있었어. 그렇게라도 하고 싶은 말이 있었어. 너에게 내 말이 닿는지 모르지만 혼자서 툭툭 얘기해. 그러다 네가 마침내 나를 봐. 우린 눈이 마주쳐. 그제야 난 너를 보고 미소 지어.

괜찮아.
얘기해줘서 고마워.

'너는 참 밝은 사람인 것 같아.'
가장 슬플 때 가장 많이 들었던 말이야.

나 그런 사람 아니라고 말하지는 않았어.
그 사람에게 상처주기 싫었거든.
이별에 상처받을 내 모습도 싫었고.

누구도 내 슬픈 감정을 보고 싶지 않을 테니까.
심지어 나조차도.
상처받고, 우울해하고, 슬픔에 잠식된 내 모습,
나도 싫었으니까.

인연이 아닌 사람에게
매달리지 않으며

소중한 사람을 떠나보내는 건
아무리 시간이 흘러도 힘든 일이야.

그래도 갈수록 무뎌지는 건 마음이 단단해졌다기보다는 마음에 품는 일이 적어지기 때문일지도 몰라. 소중한 존재가 점점 사라지는 거지. 그래서 난 너를 볼 때마다 오래전에 잃어버린 소중한 무언가를 다시 찾는 기분이야.

네가 갑자기 찾아온 날, 나는 가만히 이야기를 들었어. 어두운 작업실 조명 아래 네 얼굴이 더 어두워 보였지. 무엇이 널 힘들게 하는 걸까. 네 이야기에 끝에는 늘 '사람'이 있었어. 사람이 너무 소중해서 힘들다고 말했어.

 소중한 사람과 멀어지는 일이, 떠나보내는 일이 너무 힘들어 겨울날 길을 방황하다 날 찾아온 거야. 아직 아무것도 먹지 않은 네게 밥을 사주려 했지만 너는 그마저도 거절했지. 실은 나도 뭘 먹고 싶은 생각은 없었어. 단지 네게 뭐든 해주고 싶다는 마음이었어.

 네가 그 사람의 이름을 내뱉었을 때, 너는 머리끝부터 발끝까지 바스러지는 것처럼 보였어. 그 사람의 이름을 꺼내는 것만으로도 무너지는 듯했지. 걔는 왜 날 떠나갔을까. 아냐, 나 때문이었어. 그런 말을 중얼거리는데, 내게 하는 말 같지는 않았어. 네 곁에는 조금 더 후회하는 너와 덜 후회하는 너만 존재하고 있었지.
 네게 무슨 말을 해줄 수 있을까. 나는 생각하고 생각했어. 하지만 이내 깨달았지. 네 마음은 이미 다시 이어 붙일 수 없을 만큼 잘게 부서졌다는 걸.

"나도 그런 사람이 있었어."

 나는 그를 떠올리며 말했어. 내게도 그런 사람이 있었다고. 한때 내 세상이었던 사람. 참 많이 좋아했던, 아직도 가끔 꿈에 나오는 잊을 수 없는 사람. 너는 그제야 고개를 들고 나를 봤어. 내가 공감하지 못할 거라고 생각했나 봐. 얘기를 꺼내는데 내 마음이 다시 바스러지는 게 느껴졌지.

"열아홉이었어. 그 애, 처음 사귄 사람도 아닌데 첫사랑이라고 기억해. 십 년도 더 지났는데 자꾸 기억나. 처음 만났던 크리스마스이브. 처음 사랑한다고 느꼈던 버스정류장. 학원에 다니던 그 애를 데리러 갔던 밤. 나를 가만히 바라보던 눈빛. 말간 얼굴. 아직도 생생해. 그 애와 닮은 사람을 보면 나도 모르게 멈춰 설 정도로. 그 정도로 사랑했어. 아무것도 모르는 나이였는데, 그 앨 사랑한다는 마음 하나만은 분명했어."

너는 가만히 내 이야기에 귀를 기울였어. 사랑 같은 얘기, 난 잘 하지 않았으니까. 한번 되돌린 기억은 마치 정지 버튼이 망가진 것처럼 계속 떠올랐어.

"그 애가 수능 시험을 앞둔 어느 날, 그 애 어머니가 시한부 선고를 받은 지 세 달 만에 돌아가셨어. 처음이었어. 가깝게 지내던 분의 장례식은. 그 애 어머님과 종종 연락도 하고 식사도 했거든. 그 애는 어머님이 돌아가신 날, 내게 까만 옷과 까만 양말을 신고 오라고 했지. 장례식장에서 나는 너무 많이 울었어. 그 애가 울지 않았거든. 그래서 내가 울어야 할 것 같더라. 장례가 끝날 때까지 곁에 있었지. 그런데 나, 바보같이 어려선 그 뒤로 그 애를 보기만 해도 마음이 힘든 거야. 진짜 힘든 사람은 내가 아니고 그 애였을 텐데."

나는 나도 모르게 쓴웃음을 지었어. 이래서 옛날얘기는 함부로 꺼내는 게 아닌데…

"그렇게 헤어졌어. 내가 힘들어서. 그렇게 사랑했는데도 그 슬픔을 감당하고 싶지 않아서. 죄책감에 괴로웠지만, 지금은 좀 다르게 생각해. 그냥 나와 인연이 아니었던 거야."

그때 내가 어떤 표정으로 이야기를 마무리했는지 너는 기억할까. 나도 놀라울 정도로 내가 덤덤하더라. 그 애와 헤어지던 날의 고통이 다시금 고스란히 느껴지는데 마음은 그렇게 아프지 않더라. 결국 시간이 필요한 것뿐이었어. 인연이 아니라는 걸 깨닫는 데 필요한 건 오직 시간뿐이었어.

그 사람 연락이 오지 않을까 휴대전화를 손에서 놓지 못하는 널 보며 나는 내 과거를 봤어. 연락이 오면 될 듯이 기뻐하고, 연락이 끊어지면 우울 속으로 끝없이 침잠하던 내 모습을. 사람 때문에 인생이 흔들리다 못해 무너지는 너의 모습은 나와 닮아 있었지. 그렇기에 알고 있었어. 네가 당장 나아지기 어렵다는 것도. 나 역시 긴 시간이 필요했으니까.

"빨리 언니처럼 되고 싶어. 덤덤하고 이성적인 사람으로."
늦은 새벽, 널 바래다주는 길에 네가 말했어. 난 웃었어. 오히려 난 네 모습이 부러웠거든. 아직 소중한 무언가를 간직한 네 모습이. 우리, 서로를 부러워했던 거야. 나는 신호등을 기다리며 말했어.

"넌 힘들겠지만, 난 지금 있는 그대로의 네가 아름답다고 생각해. 누군가를 힘껏 좋아하고 아파하는 일, 나는 하지 못하거든. 난 못하는 걸 너는 해내고 있잖아. 그것만으로도 대단하고 아름다운 일이야."

그리고 잠시 뒤 덧붙였어.

" '시간이 약이다'라는 말 정말 싫지만,
시간이 지나면 자연스럽게 해결되는 일도 있더라.
그러니 두려워하지 말고 사랑해."

그 말은 어쩌면 내게 하고 싶은 얘기였는지도 몰라. 사랑하는 게 두려워 소중한 무언가를 포기하고 살아온 지난날의 내게. 나는 그날 네게 다시 사랑을 배웠어. 그래서 네가 누구보다도 빛나 보였어.

어색해도
한 번 더 웃으며

나는 무척이나 잘 웃는 사람이야.

웃음 참기 게임, 일명 '웃참 게임'을 할 땐 늘 깍두기 취급을 받을 정도야. 웃참이라는 말만 들어도 빵 웃어버려서 아예 게임 진행이 안 될 정도지. 나도 왜 그런지는 모르겠는데 아무튼 정말 잘 웃어. 누가 내 어깨를 치고 가도 눈이 마주치면 웃을 정도로.

그래서 네 앞에 있을 때도 나는 은은한 미소를 입가에 띠고 있었던 것 같아. 너는 세상 모든 슬픔을 끌어안은 사람처럼 눈물을 흘리며 얘기하는데, 나는 울지 않고 미소를 지었어. 내가 널 이해하지 못했기 때문은 아니야. 오히려 너무 깊이 이해해서 두려울 정도였지. 하지만 내가 네 마음에 공감하는 걸 들키게 되면 우리는 빠져나올 수 없는 슬픔에 갇힐지도 모른다는 생각이 들었어.

그래서 미소 지었어. 함께 흔들리지 말자면서.

반대로 너는 잘 웃지 않는 사람이었어. 말수도 적어서 내가 먼저 묻지 않으면 자기 얘길 해주지 않았지. 나는 네게 뭘 해줘야 할지 잘 몰라서, 아직도 뭔가를 주는 게 서툰 사람이라서, 그저 맛있는 걸 사주려고 부단히 애를 썼어. 평소엔 맛집 같은 거 찾아보지도 않는데 너를 만나는 날이면 인터넷을 뒤져 주변에 있는 맛집 리스트를 정리했지. 기분 전환에 도움이 되는 괜찮은 카페도 많이 찾아봤어. 네게 '좋은 경험'을 주고 싶어서. 누군가와 함께 밥을 먹고 차를 마시는 것만으로도 충분히 기분 좋아질 수 있다는 경험을.

돌이켜보면 네게 나는 스쳐 지나가는 사람이었는데,
나에게도 너는 스쳐 지나가는 사람이었는데,
그냥 네 어색한 웃음이 좋았나 봐.

식사를 마치고 조용한 카페에 갔던 날, 우리 사이의 침묵

이 그리 어색하지는 않았어. 너는 하고 싶은 말이 너무 많아서 신중하게 고르는 것 같았지. 나는 차분히 기다렸고. 시간이 흐른 뒤 네가 조심스럽게 입을 열었어. 소리가 너무 작아서 마치 옹알이 같았지.

"어머니가 집을 나가고 새어머니가 왔을 때, 그래도 엄마라고 생각했어요. 어린 마음에 최대한 잘 보이려고 노력을 기울였죠. 근데 그때마다 돌아온 건 폭력이었어요. 열 살짜리 애를 아파트 베란다까지 밀어붙이며 죽이겠다고 협박했죠. 아버지는 없는 사람이나 마찬가지였어요. 결국 중학교 때 저를 버리더라고요. 고모네서 지내다 다시 친엄마를 만났는데 달라진 건 없었어요. 사랑한다면서 뭐 하나 마음에 안 들면 죽일 듯이 욕했거든요. 벗어나야 한다고 생각하면서도 그래도 엄마니까… 가족이니까… 그렇게 살았어요. 지금도 마찬가지예요. 따로 살고는 있지만, 완전히 벗어날 순 없어요."

나는 너의 삶을 다 안아줄 순 없었지만, 너의 말은 들어줄 수 있었어. 그게 얼마나 다행이었는지 몰라. 너의 말을 끝까지 들을 수 있다는 게.

"왜… 왜 사람들은 항상 저한테 상처주는 걸까요? 제가 너무 쉽게 믿은 걸까요? 상처받은 건 저라고 생각했는데, 지금은 제가 사람들을 상처주는 것 같아요. 우울해하고, 죽고 싶어 하고, 그래서 주변 사람들이 걱정하고, 힘들어하고… 제가 어디에 있어야 할지 모르겠어요. 나도 상처받은 사람인데, 또 누군가에게 상처주고 있다고 생각하니."

아, 그래. 믿었기에 상처받는 거지. 상처준 사람이 너무 많아서 너는 누구 하나를 제대로 꼽지도 못했어. 그 정도로 너는 사람들을 믿어온 사람이었지. 너는 이제 누구도 믿지 않겠다고 다짐했어. 믿어온 게 네 잘못도 아닌데… 난 네 말에 짧게 대답했어.

"네 잘못이 아닌걸."

내게도 그 말이 필요했었지. 너처럼 깊게 믿었던 사람에게 상처받은 기억이 떠올랐어. 그래도 나는 미소를 잃지 않았어. 내가 버티고 서서 네 손을 잡아주고 싶었거든.

그 사람은, 일찍 가족의 품을 떠나 홀로 살아오던 열여덟의 내게 아버지 같은 사람이었어. 집안 사정이 어려운 나를 배려해 수업료도 받지 않던 선생님이었지. 그 선생님을 만난 건 중학생 때였으니, 어찌 보면 그때의 날 키웠다 해도 과

언이 아니었어. 그만큼 믿었지.

하지만 그 사람, 넘어선 안 될 선을 넘었어. 나를 끌고 가 성폭행하고 사라졌거든. 나중에 그 사람 소식을 들었는데 결혼했다고 하더라. 내게 그 짓을 할 때, 다른 여자를 임신시켰던 거야. 그제야 내게 '일부러' 그랬다는 걸 알았어.

지금 나는 용서한 걸까. 화가 나진 않아. 더는 그 사람이 날 상처줄 수 없다는 걸 알기 때문에. 그런 사람이 날 상처주게 내버려 두고 싶지 않은 마음에. 내가 아무리 상처받아도 그 사람, 어차피 잘 살 거니까. 내 마음 따위 책임지지 않고 살아갈 테니까. 용서해버리는 게 편했어. 영원히 끊어내야겠다고 마음먹었어.

나는 다시 말했어.

"네 잘못 아니야. 그 사람 잘못이야."

너는 고개를 푹 숙였어. 눈물이 뚝뚝 떨어졌지. 나는 함께 울진 못했어. 네 마음이 정리되기를 가만히 기다렸지. 그리고 네가 다시 고개를 들었을 때 나는 은은한, 아니 씁쓸한 미소를 지어 보였어. 그런데 네가 내 미소를 보더니 어색하게 한 번 웃더라. 눈물에 슬픔이 조금 씻겨나갔는지, 눈물 흘리는 자신의 모습이 멋쩍었는지 어색하게 웃는데 그게 너무 좋아서 나도 웃고 말았어. 내친김에 나는 말했어.

"우리 웃음 참기 게임 해볼래? 나 정말 못하거든."

"저는 참을 웃음이 없는걸요."

네 말에 우리는 환하게 웃었어. 우릴 둘러싼 슬픔이 휘휘 날아가는 것 같았지. 그 웃음이 네게 용기를 주었는지 너는 그동안 하지 않았던 얘기도 꺼냈어. 어머니로부터 벗어나기 위해 집을 나갔던 얘기, 사람 돕는 일을 하고 싶어 틈틈이 공부해서 사회복지학과에 간 얘기 등등. 나는 얘기를 듣는 동안 네 얼굴을 빤히 쳐다봤어.

웃는 얼굴로 널 기억하고 싶어서.

다시 만날 기약 없이 헤어지는 길에 너는 내게 부끄러운 듯 고맙다고 말했어. 나는 습관처럼 웃으면서 네 어깰 두드렸지.

"어색해도, 한 번 더 웃고."

그때 너는 어색하게 한 번 더 웃더라.

네게 나는 스쳐 지나가는 사람이었는데,
나에게도 너는 스쳐 지나가는 사람이었는데,
그냥 네 어색한 웃음이 좋았나 봐.

그러니 어색해도 한 번 더 웃자.

우릴 둘러싼 슬픔이
휘휘 날아갈 수 있도록.

내게 상처준 사람을
오히려 안아주며

부모님…
이 단어를 입에 담으면 슬픔과 기쁨이 동시에 찾아와.

사실 너무 많은 감정이 한 번에 느껴져서 어떻게 설명해야 할지 잘 모르겠어. 안도감, 서글픔, 안쓰러움, 분노… 그냥 뭉뚱그려서 슬픔과 기쁨. 한때 내게 가장 큰 상처를 준 사람이 부모님이었듯 네게도 부모님은 그런 존재더라.

글쓰기 수업을 할 때, 열아홉 살 된 학생은 유독 '부모님'에 관한 글을 자주 써왔어. 부모님이 자신을 얼마나 사랑하는지부터 부모님과 싸운 이야기까지. 아이를 간절히 원했던 그 친구의 부모님은 정말 어렵게 귀한 자식을 얻었다 했지. 그래서 뭐 하나 부족함 없이 키우려고 했대.

그런데 부모님의 바람과 달리 그 친구는 마음이 조금 아팠어. 왜 아픈지는 자기도 모르겠다더라. 그냥 어느 순간 우울한 감정이 밀려왔고 모든 것이 싫어졌대. 부모님의 기대가 부담스러웠던 걸까. 사실 그 친구 사사건건 간섭하는 부모님이 자신을 놓아주길 바랐거든.

그 친구의 행동은 점점 극단적으로 변해갔어. 그 모습을 지켜보던 부모님도 점점 지쳐갔지. 스스로 상처 내고 아파하는 자식에게 화를 내기 시작한 거야. 사랑과 배려가 넘치던 가족은 그렇게 누구보다도 먼 사이가 돼버렸어.

그 친구의 글을 읽다 보면 마치 세상에 그와 그의 부모님만 존재하는 것 같았어. 가족이라는, 세상에서 가장 소중한 존재를 위해 서로 희생하는 것 같았지. 하지만 그 안에서는 다툼이 끊이지 않았어. 부모님은 아프지 않은 자식을 바랐고, 자식은 그런 자신마저도 이해해주기를 바랐어. 사랑하기에 기대하고, 기대하기에 실망한 거야. 서로 상처를 주면서도 기대는 줄어들지 않았어. 서로를 지극히 사랑했지만, 또 그런 이유로 각자의 머릿속에 있는 서로의 모습을 조금도 포기할 수 없었던 거지.

어느 날, 한동안 수업에 나오지 않던 그 친구가 다시 수업에 나왔어. 극단적인 선택으로 병원에 입원했었대. 나는 해줄 수 있는 말이 없었어. 대신 편지를 써보는 게 어떻겠냐고 제안했어. 누구에게라도 좋으니 마음을 마음껏 풀어보라고. 속상한 마음도 다 꺼내서 훌훌 털어버리라고. 그 친구는 내 제안을 받아들였어. 그리고 주변 사람들에게 편지를 쓰기 시작했지. 퇴원 후 만나지 못한 같은 병실 친한 언니, 자신의 이야기를 들어주었던 선생님… 그중에는 부모님도 있었지. 나는 그 친구가 부모님께 쓴 편지를 읽고 물었어.

"부모님을 향한 마음은 어때요?"
"솔직히 답답하고 상처도 많이 받았지만… 잘 지내고 싶어요. 근데 방법을 잘 모르겠어요. 대화를 하면 싸우게 되고… 부모님은 제가 하는 일에 반대만 하세요. 그래도 함께 하고 싶은데…"
"그럼 이건 어때요? 이 편지를 고쳐서 부모님께 드리는 거예요. 마음이 잘 전달될 수 있게 내가 도와줄게요. 그리고 대화를 나눌 땐 내 마음보다 상대의 마음을 먼저 살펴봐요. 부모님은 이렇게 느끼겠지만, 나는 이렇게 느끼고 있다고. 상대의 마음을 인정한 뒤 내 마음을 얘기하면 대화가 조금 더 수월해져요. 어때요? 할 수 있어요?"

"… 해볼게요."

그 친구와 나는 부모님께 쓴 편지를 고쳐나갔어. 부모님에 대한 솔직한 마음과 앞으로 어떻게 지내고 싶은지를 차근차근 적었지. 그 과정을 통해 나는 그 친구가 부모님을 얼마나 사랑하는지 다시 한번 깨달았어.

몇 주 뒤, 우리는 다시 수업에서 만났어. 나는 그 친구에게 물었지.

"편지, 부모님께 전했어요?"

"네. 드렸어요."

"어떻게 됐어요?"

"처음으로 화도 안 내고 대화할 수 있었어요. 얘기를 마치고 밖에 나가 식사하고 노래방도 갔어요. 데이트라고 해야 할까요. 그렇게 좋은 시간은 처음이었어요."

그 친구는 용서를 택했어. 그 나이 때의 나는 부모님을 용서하라는 말을 들으면 화부터 냈는데… 그 친구는 나보다 훨씬 더 나은 사람이었지.

나도 미워하던 이에게 편지를 써본 적 있어. 역시 부모님이었지. 열아홉은커녕 스물넷에. 정신병원에 입원해 있던 어느 날, 주치의가 내게 편지를 써보라고 하더라. 내 마음을 조금이라도 풀어보자고. 그때 나는 부모님을 떠올렸어. 자식을 버리고 떠났던 아버지, 아버지에 대한 원망을 자식에게 풀던 엄마. 열일곱에 학교를 그만두고 집을 나온 것도 그것 때문이었어.

"내 돈으로 먹고살면 내 말을 들어."

이렇게 말하는 부모님의 그늘에서 빨리 벗어나고 싶었어. 그래서 돈을 벌어야 했어. 내 마음대로 살고 싶어서. 상처주는 사람 따위 보고 싶지 않아서. 엄마는 네 맘대로 살 거면 생활비 카드를 내놓으라고 하더라. 나는 식탁 위에 던지고 나왔어. 그 뒤 고시원 같은 방에서 지내며 어떻게든 혼자 힘으로 먹고살기 위해 이를 아득바득 갈았지.

그런데 정신병원에서 편지를 쓰던 날, 더는 원망의 마음이 들지 않더라. 미워하는 것도 지쳤던 탓일까. 이제는 용서하고 싶었어. 용서하는 마음으로 편하게 살고 싶었어. 한 글자, 한 문장, 손으로 꾹꾹 눌러쓰며 마음을 전했지.

그 편지를 엄마에게 전하던 날이 아직도 기억나. 병원 창문 밖으로 하얀 구름이 유유히 흘러가고 있었지. 눈이 좋지 않은 엄마를 대신해 나는 편지를 읽어주었어.

"사랑하는 엄마에게."

다 읽기도 전에 눈물이 흘렀지. 엄마는 그날, 내게 미안하다고 말했어. 자신의 삶에 치여 너를 돌보지 못했다고. 자식을 먼저 생각할 여유가 없었다고. 힘든 사람은 나뿐만이 아니었던 거야. 모두가 어리고 힘들었던 거야. 그제야 나는 엄마를 끌어안았어.

용서가 그렇게 따뜻한 것인지 처음 알았어.

모든 사람을 용서할 필요는 없다고 생각해. 미워하는 게 마음 편하다면 미워하며 살아도 괜찮아. 다만 누군가를 미워한다면 미워하는 그만큼 마음도 편하길 바라. 반대로 용서한다면 그만큼 마음이 편하길 바라고.

그런 면에서 나나 그 친구나 실은 비슷했을 거야. 상처받았지만 사랑했고, 두 번 다시 보고 싶지 않았지만 잘 지내고 싶었고, 너무 미웠지만 용서하고 싶었고. 늦게라도 부모님을 용서한 게 나는 다행이라고 생각해. 누군가 떠나기 전에 다시 사랑할 기회를 얻었잖아.

네게 부모님은 어떤 존재인지 궁금해. 사랑일지, 미움일지, 혹은 둘 다일지. 부모님이 아무렇지 않게 내뱉은 말 한마디가 두고두고 마음에 걸려 괜히 집 밖을 서성이는 건 아닌지. 부모님과의 대화가 불편해 눈도 마주치지 못하고 방으로 들어가버리는 건 아닌지. 상처받은 마음 드러내고 얘기하고 싶은데 더 상처받을까 봐 입을 꾹 다물고 있는 건 아닌지. 어쩌면 부모님을 용서할 마음의 준비가 아직 안 되었는지…

지금 당장 용서하지 않아도 괜찮아. 미워하는 마음도 괜찮아. 부모님도 우릴 받아들일 마음의 준비가 안 됐을 수 있으니까. 다만 한 번쯤은 부모님을 향한 감정의 시작이 어떤 것이었는지 생각해보자. 오로지 원망뿐이었는지, 아니면 사랑이었는지. 그럼 내게 상처준 사람을 안아줄 용기가 생길지도 몰라. 무엇보다도 상처받은 나를 위해.

나는 아직도 엄마를 안았던 날을 기억해.
구름이 유유히 흐르던 창밖의 풍경을.
그때부터 난 상처준 이를 안아줄 수 있었어.
상처받은 만큼 사랑했기에.

마음 그릇을
남김없이 비워내고

나는 못된 습관 하나가 있어.

밥을 꼭 한 숟가락씩 남기는 거야. 먼저 한 숟가락 덜어내고 먹어도 꼭 한 숟가락이 남아. 한 숟가락 남으면 입맛이 뚝 떨어져서 더는 먹고 싶지 않더라.

어릴 땐 엄마한테 자주 혼이 났어. 그때마다 울면서 먹기 싫은 밥을 입에 넣어야 했지. 먹고 싶을 때 못 먹는 것도 힘들지만, 먹기 싫은데 계속 먹어야 하는 것도 곤혹스러운 일이야. 그런데 그렇게 혼이 났는데도 난 아직 밥을 한 숟가락씩 남겨. 이제는 엄마도 포기해서 잔소리를 하지 않아.

'왜 다 먹어야 하는 걸까?'

어릴 때 나는 생각했던 것 같아. 그냥 남으면 남는 대로 두면 되지 않나. 왜 굳이 싹싹 긁어먹어야 할까. 왜 나는 여기 앉아 먹기 싫은 걸 억지로 먹어야 하나. 남은 한 숟가락을 지긋이 바라보며 생각에 빠졌지. 맞아, 조금 반항적이었어(웃음). 물론 엄마는 또래보다 키도 작고 몸무게도 적게 나가는 내가 걱정됐을 거야. 그래도 먹기 싫은 건 어쩔 수 없었어.

그런데 커서 혼자 살다 보니 밥을 남기는 게 왜 나쁜지(?) 알겠더라. 그릇이 비어 있어야 물에 담가 놓았다 설거지를 할 수 있는데, 음식물이 그대로 남아있으니 영 치우기 어려운 거야. 음식물 쓰레기 봉투를 꺼내서 만지기도 싫은 음식물 쓰레기를 집어넣는 일이 정말 번거롭더라고. 그러니까 깨끗이 비우지 않으면 다시 쓸 수 없었어. 그릇이나, 마음이나…

네가 하고 싶은 얘기가 있다며 보자고 했던 날 기억나? 그날 나는 별다른 생각 없이 알겠다고 답했어. 평소와 다르지 않을 거라고 생각했지. 너는 종종 나를 찾아와 궁금한 걸 잔뜩 물어보곤 가버렸으니까. 내가 특별한 답을 준 것도 아니고, 뭘 해준 것도 아닌데 너는 나를 찾곤 했어. 그런데 그날은 좀 이상했어. 넌 내게 말했지.

"언니가 무슨 마음으로 날 보는지 모르겠어."

나는 생각했지. 그러게. 내가 널 왜 만나지. 연락하는 것도, 사람 만나는 것도 귀찮아하는 내가 왜 너는 반갑게 만날까. 왜지? 곰곰이 생각한 끝에 나는 네게 편지를 한 통 썼어. 나는 너를 소중하게 생각한다고. 너와 나누는 대화가 즐겁다고. 그래서 네게 더 잘 대해주고 싶다고.

그런데 네가 말하더라. 내 편지를 받고 집으로 가는 길에 죽고 싶을 만큼 슬펐다고. 마음이 너무 힘들어서, 견딜 수 없을 정도였다고. 눈물이 자꾸 흘러서 앞을 볼 수 없었고, 머릿속이 하얘져 어떤 생각도 할 수 없었다고. 이러다 정말 죽을 수도 있겠다는 생각만 들었다고. 내 편지에 네가 힘들어할 만한 얘기는 없었는데, 왜 힘들었을까. 나는 머릿속이 복잡했어. 너는 말을 이었지.

"나도 내가 왜 죽을 만큼 슬펐는지 모르겠더라. 스스로 묻고 물었어. 결론은 이거였어. 언니의 편지를 받고 나는 이제 도망칠 곳이 없어진 거야. 소중한 관계를 맺기 위해 언니는 이렇게 다가와줬는데, 내가 잘못해서 이 관계를 망쳐버릴까 무서웠던 거야. 누구를 탓할 수도, 근데 나를 믿을 수도 없어서 그게 슬펐어. 내가 망쳐버릴까 봐. 언니도 알잖아. 내가 얼마나 사람을 좋아하고 또 두려워하는지."

 그래. 생각이 많은 점도, 친한 친구를 잃어본 경험도, 가족에게 상처받은 마음도, 정신병원에 입원했다는 것도 우린 비슷한 부분이 많았어. 우리에게 다른 점이 있다면 넌 지금도 사람을 좋아하고 난 이제 사람에게 별 관심 없다는 정도였지. 그래서 너는 내 마음이 더 감당하기 힘들었는지도 몰라. 사람 따위 신경도 안 쓸 것 같은 내가 너를 소중하게 생각한다고 했으니까. 그 마음의 의미를 알기에 너는 두려웠겠지. 소중한 것을 늘 잃어버렸으니까. 그게 자신의 잘못이라고 생각해왔으니까.

 "그런데 그렇게 슬프고 나니, 지금까지 슬펐던 게 뭔지 알아버렸어. 나는 사랑받을 줄 몰랐던 거야. 짝사랑해온 사람이 막상 나를 좋아해주면 그걸 믿지 못하기도 했어. 연애를 할 때도 그랬어. 애인이 사랑한다 말하면 두려웠어. 받고 싶은 마음도 크지만, 잃어버릴까 두려운 마음이 더 컸지. 친한 친구도 그래서 멀어졌던 거야. 친구들은 날 아끼는데 난 받질 못하니까. 그 마음 그냥 받으면 됐던 건데."

나는 말없이 너를 바라보았어. 넌 잠시 숨을 죽이더니 다시 말했어.

"난 지금까지 누군가 날 사랑하고 좋아해주는 마음을 믿지 않았던 거야."

네가 전에 들려줬던 얘기가 떠올랐어. 가장 사랑받고 싶었던 사람에게 사랑받지 못한 네 모습을. 겉으로 화목해 보이는 집을 유지하는 게 역할이었던 너. 부모님에게 '유별난 애'라는 말을 들으며 마음을 이해받지 못한 너. 그럼에도 그들을 이해해야 했던 너. 남들처럼만 하라는 말이 네겐 얼마나 큰 부담이었을까. 네가 정신병원에 입원할 때도 부모님은 네 마음을 묻지 않았다고 했지. 그래서 난 늘 네 마음을 물었는지도 몰라.

다행히 얘기를 마친 네가 활짝 웃더라.

"있잖아, 언니. 근데 그렇게 슬픈 이유를 아니까 갑자기 너무 기쁜 거야. 왜 슬픈지 알게 돼서."

나는 따라 웃으면서 '이 감정기복 뭐야!' 하고 장난스럽게 얘기했어. 널 힘들게 만들었다는 자책감과 네가 널 조금이라도 더 이해하게 돼서 다행이라는 안도감이 교차했지. 마침내 너는 슬픔 그릇을 싹싹 비워낸 거야.

한 숟가락도 남김없이….

앞으로 변해갈 네 모습이 기대돼. 살다 보면 슬픈 일이 많겠지. 그래도 비워내는 법을 알게 됐으니 걱정되지 않아. 그렇게 변해갈 거야. 다른 사람의 마음도 받아낼 수 있는 그런 사람으로. 사랑과 관심을 고맙게 받아들일 줄 아는 사람으로.

네게 줬던 슬픔은 미안해.
그리고 너의 새로운 마음 그릇을 축하해.

나는 사랑받을 줄 몰랐던 거야.

누가 나를 좋아해주면 그걸 믿지 못했어.

받고 싶은 마음도 크지만,

잃어버릴까 두려운 마음이 더 컸지.

그 마음 그냥 받으면 됐던 건데.

그래도 다행이야.

지금이라도 이 사실을 알게 되었으니.

때로는 자신을
꼬옥 끌어안으며

안녕? 잘 지냈어?

반가운 마음으로 안부를 물었는데, 얼굴색이 좋지 않네. 요즘도 밥 먹기가 힘든가. 그래, 그럴 때가 있지. 밥숟가락을 입에 가져다 대면서도 내가 왜 먹고 있나 싶은. 먹을수록 허무함만 느껴지는 그런 때.

괜찮냐고 묻진 않을게. 괜찮지 않아도 괜찮다고 대답할 테니까. 정해진 답을 묻는 일, 굳이 하지 말자.

사실 나도 널 잘 모르겠어. 나름 잘해왔다고 생각했는데, 다시 자신이 없어진 걸까. 그 힘든 시간을 함께 견뎌왔는데 너는 또 알 수 없는 곳으로 향하는 것 같아. 알 것 같으면 멀어지고, 놓아버리려 하면 또 손에 잡히지. 도대체 왜 그러는 거냐고 화를 내기도 했어. 그때 너의 표정, 잊을 수 없어. 텅 비어버린 눈. 그때를 생각하면 가슴이 미어져.

알아. 내가 항상 조급했다는 거. 지금도 조급하다는 거. 그런데 나는 널 보고 있으면 어찌할 바를 모르겠어. 너와 함께 수없이 많은 시간을 보냈는데, 생의 모든 시간을 함께했는데 아직도 모르겠다니. 참 말도 안 되는 일이지. 다른 사람은 하루를 보고도 다 알았다는 착각에 빠지는데 말이야. 너에게만은 그게 잘 안돼. 아마 앞으로도 그럴 것 같아…

내가 네게 바라는 건 건강한 모습이야.

건강한 모습을 꿈꿔 본 적 없었는데 어느 순간부터 바라게 되더라. 너는 또 삐뚤게 받아들일지 모르겠네. 내가 말하는 '건강'의 의미도 너와 맞춰나가야 할 일이겠다. 내가 생각하는 건강은 거창한 게 아니야. 그냥 남들처럼 음식을 먹고, 소화를 하고, 잠을 자고, 일상생활에 지장이 없는 상태가 내가 바라는 건강이야. 다른 병에 걸린다면 그건 어쩔 수 없는 일이고.

이 정도로 얘기했으면 내 마음이 조금 이해될까. 지금 건강하지 않은 네 모습은 나를 불안하게 만들어. 먹지 못하고, 잠들지 못하고, 초조해하고, 아무런 일도 하지 못할 정도로 무기력하고. 이게 정말 너도 바라는 모습일까. 정말, 그렇게 지내고 싶은 걸까.

난 두려워.
이런 적 한두 번이 아니었지만,
이번에는 나아지지 않을까 봐.

지난번에 네가 찾아왔을 때, 나는 네가 바라는 게 무엇인지 알 수 없어 여러 가지를 시도해봤어. 바쁘게 사람을 만나보기도 하고, 반대로 완전히 끊어보기도 했지. 방구석에 처박혀 책만 읽어보기도 했어. 너는 보통 그런 일을 좋아했으니까. 그것조차 힘들어할 땐 산속에 들어가기도 했지. 너와 함께 스마트폰 한 번 열어보지 않고, 산길을 걷고, 밤에 뜨는 별을 봤어. 그때 너는 많이 아파하더라. 세상에 지친 마음을 그제야 내게 얘기하더라.

"언제까지 이 삶을 계속해야 할지 모르겠어. 조금 괜찮아졌다 싶으면 다시 추락하고 말아. 어떻게든 살아내려고 노력해봐도 돌고 돌아 제자리야. 차라리 나아진다는 희망조차 없었으면 좋겠어. 그 희망이 기대로 다가오면 폭력이 되거든. 그렇게 하지 못하는 나. 잘 지내지 못하는 나. 우울하고 괴로워하는 나. 벗어날 방법을 알았다면 진작에 했을 거야. 어떻게 해야 하는지 아무도 알려주지 않으면서 지금 내 마음은 틀렸다고 얘기할 뿐이지."

네 마음속에 그런 것들이 있는지 몰랐어. 나조차도 널 그렇게 대해 왔던 걸까. 기대만 하고 어떻게 해야 할지 알려주진 않는. 그저 네가 지쳤다고 생각하고 싶었어. 그래야 다시 나와 걸을 수 있을 것 같았으니까.

산에서 돌아온 뒤, 너는 다시 숨어들었어. 솔직한 마음을 털어놨으니 이제 나아질 거라 기대했는데 꼭 그렇지만도 않더라. 여전히 사람들은 너와 연락이 되지 않았고 몇몇은 걱정다 못해 널 찾아왔어. 나는 그런 사람들을 웃으며 돌려보내야 했지. 그리고 단 둘이 남았을 때 너를 다그쳤어. 언제까지 사람들을 걱정시킬 셈이야? 그 말에 너는 결국 울고 말았어.

아아, 돌이켜보니 나는 널 아프게만 했구나.

포기하고 싶었어. 널 포기하고 싶은데 그럴 수 없었어.

조금 더 믿자. 조금 더 함께하자.

그렇게 너의 곁에 있었어.

세상 끝으로 한 걸음씩 걸어가는 너의 소매 끝을 부여잡고,

그만 내게로 오라고 수없이 얘기했어.

살자. 잘 살자.

너를 있는 힘껏 끌어안았어.

앙상하게 드러난 너의 쇄골이 내 가슴에 닿았을 땐

나도 눈물이 날 뻔했어.

네가 스스로의 힘으로 날 돌아봤을 때, 솔직히 난 포기하기 직전이었어. 이젠 널 놓아줘야 하나 생각했거든.

무엇 때문이었는지 모르겠어. 우리가 함께 읽었던 책 때문이었을까, 여행 때문이었을까, 눈물 때문이었을까. 낭떠러지 앞에 서 있던 너는 발걸음을 돌려 내게 다가왔어. 너도 살고 싶었던 걸까. 아니면 그저 낭떠러지가 두려웠던 걸까. 그때 너는 웃지 않았지. 이 모든 게 어쩔 수 없는 일이라고 말하면서. 그럼에도 난 기뻐하면서 다행이라고 말했어. 다시 돌아와줘서, 다행이라고.

그 뒤로는 너를 잘 보지 못했어. 그래서 '오랜만이야' 하고 인사할 뻔했지. 내가 반갑지 않을 수도 있는데 말이야. 난 늘 잔소리만 하고 차갑게 현실을 얘기하니까. 이성적인 것들을 나열하고 너를 다그치기 바쁜 그런 사람이니까. 그런 내게 네가 찾아왔다는 건, 아마도 무슨 일인지 또 힘든 일을 겪고 있다는 뜻이겠지. 이번엔 뭘까. 뭐가 널 힘들게 할까. 우리가 겪어온 무수히 많은 일이 떠오르네. 우리, 상처받을 마음이 아직 남은 걸까…

뭐랄까, 그래도 살아냈어. 네가 울 때도 있고, 내가 화를 못 이길 때도 있었지만 어떻게든 살아냈어. 어떻게 해야 할지 모르면서도 여기까지 왔어. 나는 그 시간들을 믿고 싶어. 함께 해낸 시간들. 진심으로 웃었던 시간들. 서로를 이해한다고 믿었던 시간들.

너와 함께하며 내가 알아낸 사실은 지금 이 순간도 수많은 시간 중 하나라는 거야. 우리가 마지막으로 봤던 밤하늘의 수많은 별, 기억나니? 그 별들처럼 지금도 우리가 지나가게 될 시간 중 하나이지 않을까. 네가 또 알 수 없는 곳으로 향해도, 나는 네 곁에 있을 거야. 비록 때로는 흔들리고, 때론 두렵지만. 또다시 널 다그치고 상처줄지 모르지만. 그래도 함께

할 거야.

너는 나니까. 나는 너니까.

감정이라는 너와 이성이라는 나.
우리가 만들어갈 길은 이제 시작이야.

3장

마음껏

당장 하고 싶은 일을 위해
비행기표를 끊으며

마음껏 산다는 건 뭘까?

다른 사람의 시선 따위는 신경 쓰지 않고 내 맘대로 사는 거? 그때그때 하고 싶은 대로 다 하는 거? 글쎄. 나도 잘 모르겠지만 내가 가장 마음껏 살았다고 느꼈던 순간이 있다면, 바로 특별한 미술 작품을 보기 위해 미국행 비행기표를 끊었을 때야.

한창 미술에 빠져 있던 때가 있었어. 지금도 전시회 가는 걸 좋아하지만, 그땐 정말 가까운 도시에서 열리는 전시회를 빠짐없이 보러 다녔지. 아직 첫 책을 내기 전이라 글쓰기로 자신을 표현하기보다 전시장에서 나와 닮은 작품을 찾아 다니는 걸 즐겼어. 내 마음과 어울리는 작품을 말이야. 뭐랄까. 그때의 내 마음은 차마 글자로 표현하기 어려웠거든. 멜랑콜리하다고 해야 하나. 아무튼 나는 나와 닮은 것들을 찾아 전시장을 헤맸지.

프랜시스 베이컨, 베르나르 뷔페, 프리다 칼로 등등. 나는 삶에 이야기가 있고 개성 있는 작품을 좋아했어. 사진보단 조형물을 좋아했고, 조형물보단 유화를 좋아했지. 아, 조형물 중에선 알베르토 자코메티의 작품이 나와 비슷하다고 생각했어. 불안하게 우뚝 선 그 모습들이 마치 나를 닮은 것 같았거든.

전시가 시작되면 인적 드문 평일 낮에 찾아가 혼자 천천히 전시를 관람했어. 우울한 마음과 고요한 전시장, 그리고 마음에 쏙 드는 그림. 세 박자가 딱 맞아떨어지면 그제야 나는 안도감을 느꼈어. 혼자가 아닌 것 같았지. 마치 작가 바로 옆에 있는 것 같은 기분이랄까.

그때 내가 푹 빠진 화가가 마크 로스코야. 사실 마크 로스코를 알게 된 건 책을 통해서였어. 마크 로스코의 작품세계와 철학, 그림은 나를 강하게 끌어당겼지. 어찌 보면 색과 면에 불과한 작품에서 느껴지는 감상(마크 로스코의 표현에 의하면 '영적 체험'이라고 하지)은 매혹적이었어. 난해하기만 했던 현대미술이 마음에 와닿은 건 처음이었어.

하지만 불행한 소식이 있었지. 마크 로스코 전시회가 이미 몇 년 전에 국내에서 열렸다는 거야. 언제 다시 전시회가 열릴지는 미지수였지. 선택할 수 있는 경우의 수가 없었어. 나는 마크 로스코의 미술 작품을 두 눈으로 꼭 봐야 했거든. 그렇게 미국행이 결정 났지.

왕복 비행기표는 이백만 원이 훌쩍 넘었어. 당시 내 통장에는 오백만 원 정도가 있었지. 월세와 생활비로 쓰기에도 빠듯했지만 그건 별로 중요하지 않았어. 표와 숙소를 예약하고 계획 따윈 없이 미국으로 향했지. 하지만 부풀었던 마음과 달리 미국에 도착했을 때 나는 다소 의지가 꺾인 상태였어. 오랜 비행으로 완전히 파김치가 되어버렸거든.

숙소에 짐을 풀고 다음 날 미술관으로 향했을 때, 비로소 나는 알았어. 내가 이 작품 하나를 보기 위해 여기까지 왔다는 걸. 큰 캔버스에 분홍빛 색만 채워져 있고 제목도 없는 '무제(Untitled)'를 보기 위해 말이야.

나는 한동안 가만히 그 작품 앞에 서 있었어. 마크 로스코의 부탁대로 작품 가까이에서. 커다란 캔버스 속 색감은 내

온몸을 빈틈없이 안아주었어. 우울과 죽음 사이에서 헤매던 내가 붕 떠서 잠시 다른 세계에 다다른 기분이었지.

마크 로스코의 유작은 온통 붉은색이었지만, 내가 본 작품은 분홍에 가까웠지. 나는 그 분홍에서 삶의 기운을 느꼈어. 왜일까. 그때 난 조금 더 살고 싶어졌어. 죽음에 닿는 한이 있더라도 그전까지는 살아야겠다고, 아직이라고, 나는 이 분홍 속에 있다고 생각했어. 수많은 무제 가운데 내가 그 작품에 끌렸던 것은 아마도 삶의 용기를 찾고 싶었던 게 아닐까.

돌아와서 나는 계속 일했어. 예상했던 대로 통장이 텅 비어버렸거든(웃음). 여러모로 살아야겠다는 의지가 생기더라. 실은 내가 그때 얼마 없는 돈을 여행에 모두 부어버린 건 삶을 포기할 생각을 했기 때문이었어. 돈이라는 거, 아무래도 좋았거든. 죽을 때 들고 갈 수도 없는 거잖아. 그러니 마지막으로 다 쓰고 가자는 마음이었는데 하필이면 살아야겠다는 마음이 들어선 열심히 살아버렸어.

그림 한 점이 삶을 바꾼 거야.
아니, 그 그림을 보기 위해 비행기표를 끊었던
나의 과감함이 인생을 바꾼 거야.

마음껏 산다는 게 뭐냐고? 잃을 게 없어진다는 거야. 세상에 잃을 게 없다고 생각할 때 아무렇게나 마음껏 살 수 있어. 그렇다고 진짜로 모든 걸 버리거나 포기하라는 얘기는 아니야. 모든 게 흐르고, 지나가고, 변한다고 생각하면 잃을 게 없어진다는 뜻이야.

나는 말이야, 이제 살고 죽는 일 따위는 별로 신경 쓰지 않아. 한때는 삶과 죽음에 대해 집착적으로 고민했는데 이젠 시간이 흐르면 어떻게든 되겠지 싶어. 부족함도 없고 가진 것도 없어. 잃을 걱정이 없으니 다른 사람 눈치 보지 않고 내가 원하는 대로 마음껏 살 수 있지. 어차피 내 것이 아니니까.

이게 모든 걸 잃어본 내가 마음껏 살아가는 방식이야.

네가 지금 무언가를 망설인다면, 마음껏 산다는 느낌이 들지 않는다면 쥐고 있는 그 손을 한번 펴봐. 그 손에 쥔 것이 진짜 너의 것인지, 아니면 흘러가는 것들을 억지로 쥐어잡고 고민하는 건 아닌지. 정말 네 것이라면, 네가 어디서 무얼 하든 네 곁에 항상 있어줄 거야.

그러니 지금은 눈치 보지 말고
흐르는 강물에 몸을 맡기자.

어슬렁어슬렁 하루 종일
아무것도 하지 않고

하루키를 동경했어.

글을 쓰는 작가들이 종종 그러하듯 '하루키 병'에 걸려 영어를 배워보겠다(하루키는 영어로 초고를 쓴 뒤 다시 일본어로 번역하듯 소설을 썼거든) 다짐하기도 하고, 매일 원고지 20매 분량을 써보겠다며 나를 몰아붙이기도 하고, 심지어 마라톤을 해볼까 고민하기도 했지. 하루키처럼 살면 하루키 같은 글을 쓸 수 있지 않을까 생각한 거야. 그 정도로 하루키를 동경하고 좋아했어.

그런데 실상은 달랐지. '하루키 병'에 걸린 나는 느지막이 일어나 작업실에 출근하고 배달 음식을 시켜 먹었어. 배를

채우고 난 뒤에는 졸음이 쏟아져서 소파에 누워 두세 시간 낮잠을 잤지. 어쩌다 깨어 있어도 소파에 앉아 한가하게 책을 읽었어. 작업실 같이 쓰는 동료가 '저기요, 원고 안 쓰세요?' 하고 물어보면 '꼭 오늘 할 필요는 없잖아요~' 하고 답했지. 아, 물론 영어 공부도 하지 않았어. 과외비가 너무 비싸기도 했고, 돈 안 들이고 공부할 정도의 의지도 없었거든.

이런, 쓰다 보니 오늘 하루도 그랬네. 그래도 지금은 '하루키 병'이 치료됐어. 어차피 그렇게 쓰지 못한다는 거, 알아버렸거든. 좋아하는 건 좋아하는 걸로 두기로 하고, 나는 그냥 내 방식대로 쓰기로 했어. 게다가 마라톤이라니… 중요한 건 마라톤이 아니라 '건강을 챙기는 일'과 '루틴'이라는 걸 알았지.

나 이렇게 백수 같고(사실 맞아), 게으른 사람이야. 사람 만날 일 없는 날엔 머리도 안 감고 모자 푹 눌러쓰고 작업실에 가는 그런 사람.

"반드시 해야 할 일은 없잖아요~."

나는 이 말을 달고 살아. 딱히 삶의 목표도 포부도 없는 내가 그나마 추구하는 방향성이 있다면 '여유'와 '유머' 정도지. 만약 하루키가 이런 내 모습을 봤다면 한숨을 쉬었을 거야. 그렇게 백수처럼 살아도 되겠냐며.

하지만 그래서인지 나는 뭘 할 때마다 참 즐거워. 일한다는 생각이 도통 들지 않거든. 똑똑해지기 위해 책을 읽는 게 아니라서 독서가 취미가 될 수 있고, 돈 벌기 위해 글을 쓰는 게 아니라서(글 써서 돈 벌고 싶은 사람은 도망가) 즐겁게 키보드를 두드릴 수 있지. 간혹 무리하지 않는 선에서 책임감이 필요한 일을 맡아 하는 이유는 성취감을 얻을 수 있기 때문이야. 다시 말해 특별한 이유가 없으면 무리해서 일하는 법도 없어.

돈은 어떻게 버냐고? 그게 나도 참 신기해. 사람이 굶어 죽으란 법은 없더라. 뭐라도 하게 되어 있더라고. 그냥 날 믿고 적당히 살아. 정 굶어 죽을 것 같으면 알바라도 다시 해야겠다면서. 알바 경험이 소설 쓰는 데 도움이 될지 누가 알아.

반드시 해야 할 일 없는 나는 '그냥' 매일 일기를 쓰고, '그냥' 매주 글쓰기 수업을 진행하고, '그냥' 매년 책을 쓰곤 해. '그냥' 책을 읽고 '그냥' 서평도 쓰지. 어쩌다 '반드시' 해야 할 일이 생겨도 '그냥' 하는 것 같아. 물론 내가 그렇게 생각 없이 사는 사람은 아닌데, 음, 가진 것 없어도 세상은 잘 흘러가는 것 같아. 모든 게 흘러가는 거라 생각하면 결국 '반드시'도 흘러갈 테니까 '그냥' 하게 되지.

오늘따라 내가 이렇게 실없는 얘기를 하는 건… 아까부터 네 표정이 잔뜩 굳어 있어서야. 해내지 않으면 안 되는 것들을 잔뜩 늘어놓고선, 해내지 못할까 봐 걱정하는 모습이 신경 쓰여서. 내가 아는 너는 늘 충분히 해내는 사람인데 말이야.

그런데 말이야, 반드시 해야 할 일은 없을지도 몰라.
지금 네가 마음 쓰는 그 일도 결국엔 흘러 지나갈 거야.

세상 모든 일에 의미를 붙여나가는 건 중요한 일이라고 생각해. 의미를 붙이면 움직일 수 있는 힘이 생기니까. 반드시 해야 하는 일이 되니까. 하지만 그 의미가 너무 많으면 삶은 반드시 해야 할 일투성이가 될 거야.

너무 많이 의미를 붙였다면 가끔은 포스트잇을 떼듯이 줄여보는 건 어떨까. 지금까지 잘해온 나를 믿으면서 말이야. 나, 백수 같이 보여도 해야 할 일은 결국 하거든. 그때마다 내가 믿을 만한 사람이구나 싶거든. 하루키처럼 특별한 사람이 아닌데도.

내가 아는 너는 더 책임감 있고 능력 있는 사람이야.
그러니 조금은 여유롭게 살아도 괜찮아.

반드시 해야 할 일 없는 나는
'그냥' 매일 일기를 쓰고
'그냥' 매주 글쓰기 수업을 진행하고
'그냥' 매년 책을 쓰곤 해.
'그냥' 책을 읽고
'그냥' 서평도 쓰지.

어쩌다 '반드시' 해야 할 일이 생겨도
'그냥' 하는 것 같아.

모든 게 흘러가는 거라 생각하면
결국 '반드시'도 흘러갈 테니까
'그냥' 하게 되지.

해보지 않은 것들의
작은 가능성을 믿으며

네게 편지를 쓰는 지금,
나는 그 어느 때보다도
해보지 않은 것들의 가능성을 믿으려 해.

그 가능성조차 믿지 못하면 아무 일도 할 수 없거든. 무슨 일이 있었냐고? 글쎄, 사실 별거 아닌 일이었는지도 몰라. 그저 지금 이 순간이 최악이길 바라는 정도랄까. 최악이라면, 올라갈 일만 남았으니까.

오늘은 네게 작가로 살아간다는 게 어떤 건지 조금 들려주고 싶어. 작가는 말이야, 게다가 나같이 유명하지 않은 작가는 말이야, 해보지 않은 것들의 가능성을 믿지 않으면 살아갈 수 없어. 안정적인 게 하나도 없거든. 매일 지하 작업실에서 글을 쓰지만 출판이 될지 안 될지 가늠할 수 없어. 그래도 쓸 수밖에 없어서 어떻게든 의미를 부여하지. 나는 글 쓰는 일이 좋으니까. 그거면 된다면서.

하지만 나는 글쓰기를 직업으로 가진 사람이야. 바로 말을 바꿔서 미안하지만, 좋아하는 마음만으로는 직업을 유지하기 힘들어. 결과물을 내야 하고 때로는 돈도 벌어야 하지. 월세는 내야 하니까. 그래서 아무리 좋아해도 글 쓰는 일이 힘들 때가 있어. 어떻게든 읽을 만한 글을 써내야 하니까.

한번은 이런 일이 있었어. 작년이었나. 글을 도저히 쓸 수 없더라. 뭘 써야 하나, 왜 못 쓰고 있을까. 몹시 괴로웠지. 작가가 된 뒤로 내 삶의 의미는 글쓰기에 있었는데, 글이 써지지 않으니 삶이 무너진 것 같았어. 너무 글이 안 써지는 바람에 두 주마다 한 번씩 찾는 정신과 주치의 앞에서 몹시 우울한 표정을 짓고 있었지. 그런데 주치의는 이미 몇 년 동안 내 우울한 표정을 봐와서 그런지 무슨 일이냐고 물어보지도 않더라. 평소의 내 모습 같았나 봐. 그래서 결국 내가 먼저 얘기를 꺼냈어.

"글이 안 써져서 너무 힘들어요. 다음 작품도 내야 하는데…"

"글 쓰는 거 좋아하시잖아요?"

"좋아하는 일이라도 일이면 힘들죠. 좋아하면 힘들어할 권리도 없나요. 일은 일이지."

"아핫. 하하하. 그렇죠, 맞죠."

내 얘기에 주치의는 갑자기 웃음을 터트리더라. 웃을 타이밍이었나. 나는 주치의를 빤히 바라봤어. 주치의는 애써 웃음을 거두며 말했지.

"아니, 너무 공감돼서요. 맞는 말인 것 같아요."

그 모습이 웃겨선 이번엔 내가 오랜만에 웃어버렸어. 어찌 됐든 주치의는 내 기분을 전환시키는 데 성공한 셈이었지. 나는 한참 웃은 뒤 말했어.

"좋아하는 일을 해서 더 힘든 것 같아요. 좋아하는 게 그것밖에 없으니까."

말투는 가벼웠지만, 마음은 그렇지 않았어. 주치의가 이제 어떻게 할 거냐고 묻더라. 글쎄… 나도 궁금했지. 내가 어떻게 할 건지. 결국 내 대답은 이랬어.

"글 써야죠. 다시. 될 때까지."

그때 내 다짐이 사뭇 진지해 보였는지 주치의도 진지한

표정으로 나를 바라보았어. 잠시 들떴던 상담실 분위기가 푹 가라앉았지. 우리는 한동안 아무 말도 하지 않았어. 부유하는 먼지만 우리 사이를 아주 천천히 무겁게 맴돌았어.

결국 스스로 깨달았어.

'아, 어차피 써야 끝나는 일이구나. 그냥 어떻게든 될 거라 믿고 쓰자. 좋아하는 일이니까.'

그래서 나는 지금도 쓰고 지우기를 반복해.
이렇게 너에게도, 나 자신에게도, 이름 모를 이들에게도.

처음 얘기로 돌아가자면, 사실 어제는 무려 세 번이나 다시 쓴 장편소설이 퇴짜를 맞았어. 최선을 다했는데 말이야. 담당 PD가 또다시 써보는 게 어떻겠냐고 어렵게 말을 꺼냈지. 알겠습니다. 쿨하게 답했어. 더 좋은 작품이 나올 수 있다면 포기하지 않겠다고 말했지. 그렇게 전화를 끊고 새 작업창을 열었는데, 윽! 토할 것 같더라.

어때, 별거 아닌 일이지? 책 세 권 분량을 같은 주제로 쓰고 또 쓰는 일. 그런데 어느 때보다도 가능성을 믿게 되더라. 네 번째 다시 쓰는 일. 해보지 않은 거잖아. 해보지 않은 것들의 가능성을 믿지 못하면 할 수 없는 거야. 어떻게든 믿어야만 다시 쓸 수 있지. 첫 책을 낼 때도 그랬으니까. 내 이야기를 책으로 낼 수 있다는 가능성을 믿었기에 작가가 될 수 있었으니까.

나는 말이야. 제멋대로 살아서인지 아직 해보지 않은 것들의 가능성을 믿어. 가능성 없다고 해도 어차피 할 거니까. 그래서 이왕이면 가능성이 있다고 믿는 거지. 믿는 게 의심하는 것보다 마음 편하거든. 돈도 들지 않아(웃음)! 마음만 꿀꺽, 먹으면 되는 일이니까.

너는 어떨까? 아직 해보지 않은 일에 도전할 때 가능성을 믿는 편일까? 아니면 의심하고 미루는 편일까? 근데 그 의심이라는 거 사실은 '진짜 너무 하고 싶은 마음'의 다른 말이 아닐까? 관심조차 없다면 의심하지도 않을 테니까.

우리 작은 가능성이라도 믿고 도전해보자.
해보지도 않고 후회하는 것보다는 분명 마음 편할 거야.
정 의심스럽다면 나라도 조금 믿어주지 않을래?

가끔은 뒤돌아보지 말고
무조건 앞만 보고

요즘엔 이상하게도 자꾸 뒤를 돌아보게 되더라.

여태까지 앞만 보고 살아왔는데, 이젠 어떻게 살아야 하나 막막하더라고. 솔직히 말해서 이 나이까지 살아있을 거라고 생각도 해보지 않았어. 이십 대엔 그저 언제 떠나나, 언제쯤이면 죽을 수 있을까만 고민했으니까. 그런데 어찌어찌 오늘까지 살아버린 거야. 그러다 보니 이렇게 묻지 않을 수 없었지.

"지금 이렇게 사는 게 맞나?"

태어나서 처음 느껴보는 감정이었어. 뭘 해야 할지 모르겠더라고. 지금까지는 아무리 우울하고 힘들어도 내가 하고 싶은 일은 기가 막히게 찾아냈는데… 정상적이든 비정상적이든.

그런데 시간이 지나고 보니 더 이상 새로운 게 없더라. 우울함도 새롭지 않고, 정신과 입원도 새롭지 않고, 처음 본 음식을 먹어도 새롭지 않고, 사랑 같은 건 더더욱 새롭지 않고. 혹시 지금까지의 삶이 다시 반복되는 건 아닐까. 문득 두려운 생각도 들었어.

그때부터 살기 힘들어졌어. 뒤를 돌아보는 순간부터. 죽을 생각으로 앞만 보고 살았을 땐 뭐든 할 수 있었는데, 뒤를 돌아보는 순간 하려던 일에 의문이 생기고 자신도 없어졌지. 여기까지 생각이 미치자 나는 자리에서 일어나 버럭 소리 지르고 말았어.

"이런! 나 삶에 찌든 현대인이 되어버렸잖아?!"

웃기지? 살기 위해 아등바등하는 현대인의 삶보다 매일 죽지 못해 살던 우울증 환자의 삶이 더 살아있는 것처럼 느껴지다니. 도대체 왜 사람들은 살 생각을 할까 이해할 수 없었는데 이제야 이해가 되더라.

하고 싶은 게 있고 나아질 거라 믿으니까.

내일은 오늘보다 더 나은 삶이 될 거라 믿으니까.

새로운 나날에는 새로운 기쁨이 있을 테니까.

그런데 나는 그렇지 않더라고. 오히려 불안했어. 마땅히 하고 싶은 것도 없고, 나아질 것도 없고, 내일이 오늘보다 나을 거라는 확신도 없고, 기쁠 일도 없었으니까. 비록 미칠 듯이 아프고 우울했어도 그때는 무엇이든 겁 없이 해낼 수 있었는데.

과연 내가 지금 하는 노력이 나중에 빛을 발할 수 있을까? 어떤 의미라도 찾을 수 있을까? 이런 질문이 거듭 떠올랐지. 너무 불안했어. 죽겠다고 생각했을 땐 미래에 대한 불안이 없었는데, 오히려 살겠다고 생각하니 불안해지는 거야.

앞자리도 바뀌었으니, 이쯤에서 타협을 보자고 스스로 설득했어.

어차피 불안해도 달라지는 건 없다. 왜?

미래는 알 수 없으니까.

언제 죽어도 괜찮게 살자. 왜?

사람은 언제 죽을지 모르니까.

감정과 이성이 적절하게 줄다리기를 하다가 합의점을 찾아냈지.

오늘 하루에 집중하는 삶을 살자.
오늘 만족하는 삶을 살았다면 더는 생각하지 말자.
미래를 위해 노력은 하지만 기대하지는 말자.
기대하면 상처받으니까.

기대하지 않는 삶을 사는 것도 어려운 일이기는 해. 그래도 불가능하지는 않다는 게 내 결론이었어. 열심히 쓴 원고가 공모전에서 떨어지더라도 썼으니까 괜찮다며 만족하기. 세 번 고쳐 쓴 소설이 퇴짜를 맞아도 다시 쓸 수 있는 기회가 있다며 만족하기. 오늘 써야 할 분량을 마무리하지 못했지만 내일 더 쓰면 되니까 괜찮다며 만족하기. 오늘은 오늘이고 내일은 내일이라며 오늘을 잊어버리기.

그렇게 내 시선은 다시 앞을 향했어. 인생에 새로운 규칙이 생긴 거야.

나는 지금 너를 생각해. 냅다 앞만 보고 나아가도 괜찮은데 자꾸 뒷걸음질하고 있는 건 아닌지. 그런 너에게 말해주고 싶어.

"괜찮아. 가끔은 뒤돌아보지 말고 앞만 보고 달려도."

뒤를 돌아보면 앞을 생각하게 되고, 앞을 생각하면 불안해져. 불안해하던 나, 흔들리던 나, 길을 잃은 나, 온갖 종류의 내가 손을 뻗어 나를 붙잡지. 그래서 다시 앞을 보고 달려. 너의 손을 꼭 잡고. 네가 뒤를 돌아봤을 때 이렇게 감탄할 수 있게.

"내가 이렇게나 멀리 달려왔어!"

도대체 왜 사람들은 살 생각을 할까
이해할 수 없었어.
그런데 이제야 조금씩 이해가 되더라.

하고 싶은 게 있고 나아질 거라 믿으니까.
내일은 오늘보다 더 나은 삶이 될 거라 믿으니까.
새로운 나날에는 새로운 기쁨이 있을 테니까.

우연히 잘못 든 길에서
인생샷을 찍으며

인생이 그나마 재미있는 이유는
예상치 못한 기쁨이 예상치 못한 순간에
찾아오기 때문일 거야.

나는 심각한 길치야. '길 찾기'만큼 세상에 어려운 일이 없어. 내 얘길 한번 들어보면 너도 고개를 끄덕일지 몰라.

이 년 넘게 살았던 망원동 집은 골목 안쪽 빌라 단지에 위치했어. 낡고 색바랜 붉은색 벽돌 건물이 끝을 모르고 이어졌지. 그 좁은 골목에 수많은 사람이 둥지를 틀고 모여 살았어. 때로는 손가락만 한 바퀴벌레들도… 아, 길 찾기에 관한 얘기를 하던 중이었으니 바퀴벌레 이야긴 그만 넣어둘게.

어쨌든 나는 비슷한 건물과 비슷한 골목이 혼재된 동네에서 짧지 않은 시간을 살았어.

그런데 매일 오가는 그 골목에서 길을 잃더라. 같은 동네 사는 친한 언니를 만나기 위해 집을 나섰어. 집을 나와 쭉 앞으로 가면 나오는 편의점에서 만나기로 했는데 아무리 걸어도 편의점이 나오지 않는 거야. 이상하다 싶어 주위를 살펴 봤는데 똑같은 모양과 똑같은 색의 빌라들이 나를 둘러싸고 있더라. 분명 집을 나와서 앞으로 쭉 걸었는데… 이미 15분이나 걸었는데.

어디서부터 잘못된 건지 생각해봤어. 오늘 길에 들렀던 세탁소, 바로 거기가 문제였어. 나는 건물 안에 들어갔다 나오면 방향감각을 완전히 잃어버려. 내비게이션이 초기화되지. 세탁소를 나오면서 잘못된 방향을 잡았고, 그대로 15분이나 걸은 거야. 이미 약속 시간이 다 됐는데. 서둘러 언니에게 문자를 보냈어.

- 언니, 제가 길을 잃어서 좀 늦을 거 같아요.
- 이 동네에서???
- 그게… 그렇게 됐어요.

연락을 마친 뒤 잠시 고민에 빠졌어. 편의점이 어느 방향인지 도저히 가늠할 수 없었지. 지도 어플을 열어봐도 마찬가지였어. 우리가 만나기로 한 편의점이 어떤 편의점인지 찾을 수 없었지. 편의점이 많아도 너무 많았거든. 내가 아는 건 집에서 출발해 앞으로 계속 걸으면 조금 큰길이 나오고 사거리에 편의점이 있다는 사실뿐. 결국 왔던 길을 되돌아 집으로 향했어. 요령 좋게 골목골목을 타고 목적지로 가는 일은 내게 불가능하다고 판단했지.

그렇게 천천히 발걸음을 옮기는데, 내가 사는 이 동네 꽤 멋진 게 많더라고. 목적지만 생각하며 걸었을 땐 주위를 둘러볼 여유가 없었는데(이래서 길치인가), 차근차근 주변을 살피며 걸었더니 그동안 눈에 보이지 않던 게 들어오더라. 외관을 나무로 깔끔하게 인테리어한 식당, 통유리가 인상적인 작은 카페, 예쁜 도자기를 전시해둔 공방 등 동네에 이런 곳이 있었나 싶었지.

그 와중에 예쁜 마카롱 가게가 보였어. 늦어서 미안한 마음에 언니에게 선물할 마카롱을 사러 들어갔어. 포장을 기다리면서 동네에서 길을 잃은 낯선 경험을 기록하기 위해 사진을 한 장 찍었어. 평소 사진엔 소질이 없는데 이상하게도 잘 찍힌 사진이 나오더라.

정말 멋들어진 사진이.

우연히 잘못 든 길에서
인생 최고의 컷이 나온 거야.

드디어 집 건물이 보이기 시작했어. 마음이 조금 놓였지. 하지만 방심은 금물. 다시 잘못된 방향으로 갈지도 모른다는 생각에 아예 건물에 들어갔다 나왔어. 방향감각을 초기화시키는 거지. 그렇게 혼자 난리를 치고서야 고작 집에서 5분 거리인 편의점에 도착했어. 약속 시간에는 30분 정도 늦었던 것 같아.

고맙게도 언니는 화를 내지 않았어. 대신 엄청나게 신기해했지. 어떻게 코앞에 있는 편의점에 가는데 길을 잃을 수 있는지. 곰곰이 생각해보면 오래전에 엄마랑 같이 쇼핑몰 가서도 길을 잃었던 것 같아. 아마도 유전인가 싶어. 세상에 별게 다 유전이다, 정말.

이렇게 이해할 수 없을 만큼 길을 잘 잃어버리는 나지만, 약속 시간이 촉박한 경우가 아니면 길 찾기 어플은 잘 쓰지 않아. 새로운 길을 가보는 게 즐겁거든. 특히 나 같은 길치는 같은 길도 늘 새롭게 느껴져서 산책하는 맛이 난달까. 조금 일찍 나와서 길가의 나무를 눈여겨보고, 강아지를 따라 걸어보기도 해. 그러다 전화가 오면 이런 대화를 나누게 되지.

"어디야?"

"응? 여기? 아마도 은행나무 아래?"

인생이 그나마 재미있는 이유는 우연히 잘못 든 길이 있기 때문인 것 같아. 나는 작가를 꿈꾸지 않았는데 어쩌다 보니 작가라는 우연히 잘못 든 길을 계속 걸어가고 있지. 잘못 든 길에서 인생샷을 찍듯 인생책을 만들어내고 있고. 나처럼 길을 잘못 든 사람들을 만나 다양한 활동을 펼치고 있어. 목표만 바라보고 똑바로 걸었다면 내게 이런 기회가 찾아왔을까.

어쩌면 진짜 기회는 길을 잃고 헤맬 때
'우연'이라는 이름으로 우리에게 다가오는 게 아닐까.

그게 좋아서 난, 길치라는 놀림을 받으면서도 늘 길을 잃고 헤매는가 봐.

좋아하는 것들로
나만의 전시장을 만들어보며

새해가 막 지났을 무렵,
날카로운 찬바람이 옷깃에 스며드는 날이었어.

너는 뭐가 그리 조급한지 연말부터 새해까지 하루도 빠짐없이 약속을 잡았지. 그중에 내가 하루 끼어 있었어. 언제 얼굴 한번 봐야 하는데, 맛있는 거 먹으러 가야 하는데, 하며 미뤄온 일을 해치우듯이. 나는 슬며시 웃으며 약속을 잡았어. 먼저 연락하는 일 없는 내게 어쨌든 네가 먼저 연락을 주었으니까. 고마운 일이었지.

우리는 홍대입구역 근처를 계속 떠돌았어. '어디 갈까?' 서로 묻기만 하면서. 아무 계획이 없었던 거지. 칼바람을 정면으로 맞으며 걷고 또 걸었어. 결국 신촌으로 넘어갈 즈음 너무 추워서 들어간 곳은 말 그대로 '아무 데'나였지. 그 추운 날씨에도 난 아이스 아메리카노를 시켰고, 넌 카페인을 줄여야 한다며 따뜻한 차를 시켰어.

"요즘 어떻게 지내?"
"음, 좋아하는 것들로 나만의 전시장을 만들고 있어."

그 말을 하는데 뒤에서 빛이 나는 것 같더라. 넌 항상 피곤에 시달리고 무기력한 모습이었는데, 그날은 왠지 활력이 넘쳐 보였어. 오히려 피곤에 시달리고 무기력한 사람은 나라는 생각이 들었지.

네게서 오랜만에 밝은 기운이 보였어. 어떻게든 살아낸 덕분일까. 네가 중환자실에 있다는 연락을 받았을 때, 나는 네가 정말 세상을 떠날지도 모른다고 생각했거든. 하지만 우린 살아서 새해를 맞이했지. 이렇게 얼굴도 보고.

그런데 네가 좋아하는 것들로 전시장을 만든다는 건 무슨 말일까. 나는 이것저것 물어보았어.

"전시장은 어딘데?"
"방 한구석. 책상 위 선반 같은 곳."

"커?"

"크지 않아. 그냥 좋아하는 걸 두는 거야. 즐거웠던 기억까지 담아서."

"어떤 것들이 있는데?"

"음, 누군가 내게 써준 편지와 선물 같은 것들이 조금 있고, 좋아하는 사람이 사준 테이크아웃 커피잔이나 말라비틀어진 꽃 같은 쓰레기가 많아."

"멋진걸."

나는 네 전시장을 멋대로 상상했어. 상상은 자유니까. 노트북과 필기구가 굴러다니는 책상 위에 작은 선반이 있고 그 위에 당장 내다 버려도 이상하지 않은 물건들이 놓여 있는 모습을. 립스틱 묻은 커피잔, 꼬깃꼬깃해진 편지, 금방이라도 으스러질 것처럼 말라비틀어진 꽃다발, 포장지조차 벗기지 않은 채 먼지 쌓인 핸드크림. 네가 좋아하는 기억을 담은 그런 물건들이 나란히 전시되어 있는 거야.

그 소중한 기억을 가진 물건들이 너를 살게 만든 걸까. 혼자 있다는 느낌이 들 때마다 곁에서 네게 말을 걸어주었을까. 들릴 듯 말 듯 아주 작은 목소리로, 괜찮다고, 아무래도 괜찮으니까 그만 울어도 된다고. 그것들이 건네는 위로에 너는 이불 밖으로 나오고, 씻고, 옷을 입고, 문을 열고 나섰겠지.

여기까지 생각하니 우리가 지금 함께 앉은 이 좁은 공간도 의미가 새롭더라. 추위를 이기지 못해 겨우 들어온 이 허름한 카페가 나는 '아무 데'라고 생각했는데, 실은 오랜만에 만난 우리가 함께 추억을 나누는 장소였던 거야. 그리고 오늘을 추억 삼아 우리는 이번 겨울을 살아낼 거고.

그러니까 우리의 만남은 처음부터
'아무 데'나 괜찮았던 거야.

그런데 신기한 게 뭔지 알아? 네 얘길 듣고 집에 돌아왔을 때, 나도 이미 나만의 전시장이 있다는 걸 깨달았어. 침대 머리맡에. 거기엔 역시나 친구가 준 말라비틀어진 꽃과 독자분이 선물해준 음료 캔, 편지지와 선물이 가지런히 놓여 있더라. 내가 사 모은 책도 나만을 위한 전시장이었어. 분야별로 분류해놓고 누군가 오면 책을 소개하기도 하는 그런 전시장.

곰곰이 생각해보면 우리는 누구나 나만의 전시장을 가지고 있어. 서랍 속에, 옷장 속에, 때로는 창고 속에, 거창하지 않아도 고마움과 추억이 담긴 물건을 버리지 못하고 오래 간직하고 있다면 그곳이 바로 나만의 전시장이야. 칼바람

불어오는 추운 겨울날, 아주 오랜만에 너를 만나서 이 사실을 깨달았어. 고마워.

    내가 머무는 공간에서 습관처럼 하는 일이 있다면, 그곳은 멋진 전시장이 되는 것 같아. 오래되고 낡은 물건을 모으는 일에 추억이 담기면 멋진 전시장이 될 수 있는 것처럼. 누군가에게는 지저분하게 보이는 공간이 누군가에게는 특별한 이야기가 담긴 공간이 될 수 있는 것처럼. 그래서 이제 나는 '요즘 뭐해요?' 하는 사람들의 질문에 이렇게 대답해.

    "좋아하는 것들로 저만의 전시장을 만들고 있어요."

까진 입천장으로
텐동을 먹으며

사랑이란 건 뭘까.

사랑에 대해 글을 쓰려니 네 모습이 먼저 떠올라. 내가 아는 사람 중에 가장 풍요로운 사랑을 가진 사람이 바로 너거든. 언제나 사랑이 넘치는 사람. 그래서 내게도 아낌없이 사랑을 쏟아주는 사람.

스물하나. 네 나이였어. 생각해보면 나도 네 나이 즈음에 '인생의 사랑'을 경험했어. 열아홉에 찾아온 사랑이 가슴 아픈 첫사랑이었다면 스물하나에 찾아온 사랑은 기대하지 않았던 선물이었지. 다시는 사랑 따위 하고 싶지 않다고 생각했는데… 살다 보니 다시 찾아오더라고.

처음도 아닌 그 사랑이 뭐 그리 특별했는지 그 사람과 결혼을 약속했어. 주변에서 반대가 심했지만, 나는 스물셋에 결혼식을 올렸고 십 년 가까이 함께 살았지. 그 사람, 처음으로 내게 가족이 무엇인지 알려주었어. 내 인생을 바꿔놓은 사람이었어.

너는 내 애길 들을 때면 '우아~' 하면서 마냥 신기해했지. 그런데 나도 네 사랑 애기를 들을 때면 '우아~' 하면서 신기해했어. 너의 사랑은 내가 생각하는 것보다 훨씬 넓은 마음이었거든. 단순히 연인 사이의 감정만이 아니었지. 너는 오래된 친구를 진심으로 아꼈고, 좋아하는 교수님의 수업을 열심히 들으러 다녔고, 소중한 사람에게 늘 최선을 다했어. 내겐 그 모든 게 사랑으로 보였어. 그래서 네게 사랑이 넘친다고 한 거야.

너의 넘치는 사랑 애기를 듣다 깜짝 놀란 적이 있어. 글쓰기 수업을 마치고 함께 저녁을 먹을 때였지. 작업실 근처의 쌀국숫집에서 뜨끈한 국물에 속을 풀었어. 처음에는 먹느라 눈치채지 못했는데, 어느 순간 보니 네 음식이 전혀 줄지 않고 있었지. 이상하다 싶었어. 네가 나보다 더 천천히 먹는 건 처음이었거든. 나 진짜 천천히 먹는 편인데 말이야. 밥을 다 먹고 카페에서 시원한 음료로 입을 식히는데 네가 말했어.

"사실 입천장이 다 까져서 밥 먹기가 힘들었어."

"입천장은 왜?"

"좋아하는 사람을 만났는데, 텐동을 먹으러 갔거든. 알잖아. 텐동 튀김이 얼마나 바삭한지. 그 사람이 텐동을 먹고 싶다 해서 텐동을 먹으러 갔어. 그런데 실은 전날에도 다른 사람과 텐동을 먹었거든. 뜨거운 튀김을 먹다가 입천장이 다 까졌지. 그래도 다음 날 좋아하는 사람이 텐동을 먹으러 가자 하니 거절할 수 없었어. 그 까진 입천장으로 텐동을 또 먹은 거야."

"그래서 그렇게 천천히 먹었어?"

"어. 쓰려서 죽는 줄 알았어."

"사랑이네."

나는 웃었어. 까진 입천장을 시원한 음료로 달래는 널 보고 있자니 절로 웃음이 나더라. 같은 음식을 이틀 연속 먹는 것도 어려운 일인데, 까진 입천장으로 또 텐동이라니. 보통 사랑이 아니면 할 수 없는 일이란 생각이 들었어.

너는 그런 사람인 거야. 마음이 향하면 온 힘을 다해 사랑할 수 있는 사람.

"언니는 누군가를 그렇게 사랑해본 적 없어?"
"있지."

네가 호기심 가득한 눈으로 물었을 때, 나도 너처럼 무작정 사랑했던 날들이 떠올랐어. 남편을 위해 잘하지도 못하는 요리 하다 집에 불을 낼 뻔한 기억. 집 구할 돈이 없어서 반지하 단칸방 1인용 침대에 둘이 끼어 잠들었던 기억. 빠듯한 생활비를 쪼개 꽃집에서 꽃 한 송이를 사 왔던 기억. 역시 사랑하지 않았다면 할 수 없는 일들이었지.

살다보면 때론 내가 어떤 상황이라도 그 사람을 위하고 싶은 순간이 생기는 거야. 사랑하게 되면. 사랑하고 있다면.

사랑이란 거.
어디에든 피어나는 것 같아.
길가에서 흔들리는 작은 꽃에도,
하늘 위에 흐르는 구름에도 사랑이 들어 있어.
어쩌다 마주친 낯선 이에게 오묘한 감정을 느끼기도 하고,
익숙했던 사람에게서 갑자기 낯선 기분을 느끼기도 하지.

그만큼 사랑을 대하는 방식도 제각각인 것 같아.
주는 만큼 받으려는 사랑도 있고, 준 것 이상으로 받으려

는 사랑도 있지.

너처럼 입천장이 까진 상태에서 고통을 참으며 튀김을 먹을 수도 있고.

때로는 그 넘치는 사랑 때문에 인생이 흔들리고 아플 수도 있어. 하지만 이 사실 하나만은 기억해줘. 사랑을 잊고 살았던 나는 네 덕분에 다시 사랑했던 기억을 떠올릴 수 있었어. 네가 베푼 사랑의 기운이 내게로 흘러와 얼었던 마음을 녹여주었어. 내 마음에 사랑의 씨앗을 심어주었어.

너는 그 이상으로 충분히
사랑받을 자격이 있는 사람이야.

기쁜 마음으로
아프게 사랑하며

그럼에도 사랑은 아픈 일이야.

사랑은 사람을 갑자기 가장 깊은 불행 속으로 밀어 넣어. 언제까지고 그 불행 밖으로 나오지 못하게 해. 나 역시 아직 사랑했던 그 사람의 꿈을 꾸곤 해. 그리움과 미안함이 반반 섞인 꿈. 그렇다고 내가 지금 불행하다는 건 아니야. 물론 행복하다는 것도 아니고. 그저 그런 마음인 걸로 해두자.

그럼에도 기쁘게 사랑하라는 말, 이상하게 들릴 수도 있어. 그래도 내가 진짜 말하고 싶은 건 '기쁜 마음'과 '사랑'이야. 불행 속에서도 기쁘게 사랑할 수 있는 마음을 가지는 것.

우울 속에 숨겨진 희망을 발견하는 것. 아픔을 인정하면서도 더 사랑하는 일.

사랑이 넘치면서도 사랑을 대하는 너의 마음은 항상 상처 투성이였어. 더는 상처받고 싶지 않다면서도 사람에게 마음이 가는 건 어쩔 수 없었지. 그런 자신에게 분노하고, 연민하고, 또 원망했어. 너는 이렇게 말하는 것 같았어.
"거봐, 또 상처받았잖아. 내가 사랑 같은 거 하지 말랬지? 또 상처받을 거야? 이번엔 뭐가 다르다고 생각한 거야? 이제 진짜 사랑하지 말자. 사랑하는 거 하지 말자."
넌 다른 사람에게는 늘 친절하게 대하면서 자신에게는 혹독했어. 그 말을 엿들을 때면 너무 날카로워서 내 마음마저 긁히는 듯했지. 그동안 얼마나 많은 상처를 받았기에 저렇게 아무렇지도 않게 자기를 상처 낼까. 그래서 나는 네가 두 번 다시 사랑에 빠지지 않기를 바랐어. 사랑할 거라면 차라리 자신을 사랑해보라고.
그래도 너는 다시 사랑했어. 자신이 아닌 타인을. 아주 아프게.

그날 네가 내게 들려줬던 얘기는 너무나 절절해서 아무 말도 할 수 없었지.

"다시는 이런 감정 느낄 수 없을 거라 생각했어요. 아니, 느끼고 싶지도 않았어요. 너무 힘드니까. 아프니까. 누굴 사랑한다는 거, 왜 내 마음대로 안 되는 걸까요? 내 마음인데도. 이름이 잊히지 않아요. 매 순간이 기다림이에요. 말 하나라도 잘못하면 떠나갈까 봐 무서워요. 그런데 보고 싶으니 자꾸 만나자고 말하고 또 그게 부담될까 봐 두렵고. 뭘 해야 할지도 모르겠어요. 그냥 사랑하는 건데. 처음 느끼는 감정도 아닌데 처음 같아요."

불행이 익숙해서였을까.
사랑이 익숙해서였을까.

불행하기 위해 사랑하는 걸까.
사랑하기에 불행한 걸까.

이렇게 자신을 아끼지 않고 사랑할 수 있다는 건 어떤 마음일까. 나는 네 얘길 들으며 생각했지. 그렇다고 네 진심을 의심하진 않았어. 진심이 아니었다면 그렇게 아파할 수 없을 테니까.

나는 네게 '그만 사랑해요'라고 얘기하고 싶진 않았어. 사랑하지 않는 삶이 네게 의미가 있을까 싶었거든. 반대로 그렇게까지 사랑할 수 있는 네 용기가 부러워서 초라한 내 마음을 돌아봤어. 정신 차리라거나, 포기하라거나, 그런 조언은 내 몫이 아니었지. 대신 난 이렇게 얘기했던 것 같아.

"어차피 아픈 사랑이 될 거라면
이 순간만큼은 기쁘게 사랑해요.
불행 속에서도 기쁜 마음을 찾아낼 수 있게."

긴 불행의 터널을 지나면서 깨달은 게 있어. 불행과 기쁨은 함께할 수 있다는 거야. 불행한 순간에도 기쁜 기억들은 봄날의 민들레씨처럼 가볍게 떠다녔지. 걷다 보면 옷깃에 붙어 있는 그런 민들레씨처럼. 불행 속에 있다고 해서 삶의 모든 순간이 불행한 건 아니었어. 그래서 네게 그런 얘기를 했어. 아프게 사랑해도, 마음이 어디에 있어도 기쁨의 씨앗을 찾아보자고. 둥둥 떠다니는 작고 가벼운 기쁨을 잡아보자고.

그러면 아무리 힘들어도 한 번은 웃을 수 있으니까.

아파도 기쁘게 사랑하다 보면 불행이 사라질지도 몰라. 옷깃에 붙은 민들레씨가 어딘가에 자리를 잡고, 꽃을 피우고, 너의 마음을 밝혀줄 테니까.

아프지 않으려는 네 마음을 이해해.
두 번 다시 사랑하고 싶지 않은 네 마음을.
하지만 이미 시작된 아픈 사랑이라면,
우리 그 안에서 기쁜 마음을 찾아보자.

아파도 괜찮은 사랑을 할 수 있게.

모두에게 사랑받을 수 없다는
사실을 인정하고

나는 세상에서 가장 춤을 못 추는 사람이야.

일 때문에 포토그래퍼 앞에서 춤을 출 일이 있었는데 바로 말하더라고. 작가님 춤 못 추시죠? 그런데도 가끔 작업실에 혼자 있을 때면 음악을 틀고 리듬에 몸을 맡겨. 응, 막춤 맞아. 아무 음악이나 틀어놓고 스텝을 밟아. 그런데 생각과 달리 막춤도 쉽지 않아. 일단 몸이 잘 안 움직여. 언제 발을 옮겨야 하는지, 손을 움직여야 하는지, 머리와 몸이 따로 논달까.

그래도 혼춤을 열심히 하다 보니 조금씩 바뀌는 게 있더라. 바로 발걸음이야. 발끝이 조금씩 사뿐해져서 지금은 박자에 맞춰 발 정도는 움직일 수 있게 됐어. 뭐든 익숙해지면 가벼워지는 법이지.

'거절'도 마찬가지였어. 이런 얘기 내 입으로 하는 거 뭐하지만, 나는 정말 거절 못하기로 둘째가라면 서러운 사람이었어. 거절을 못해서 늘 하는 말이 '네, 해볼게요!'였지. 그렇게 일을 잔뜩 떠맡은 다음엔 늘 몸 고생 마음 고생이었어. 별로 가고 싶지 않은 자리를 따라다니느라 제대로 쉬지도 못하는 경우가 많았지.

그런데 지금은 조금씩 '거절'이란 걸 해. 모두에게 사랑받을 수 없다는 걸 인정해야만 했거든.

내가 죽었으면 좋겠다는 엄마의 얘길 엿들었을 때,
친하게 어울리던 친구가 뒤에서 욕하고 다닌 걸 들었을 때,
열심히 일했던 직장에서 싸가지 없다는 얘기를 들었을 때,
네가 어떻게 결혼할 수 있냐는 전 애인의 원망 어린 전화를 받았을 때,
죽여버리겠다는 이름 모를 이의 연락을 받았을 때,
내 전부를 솔직하게 얘기하자 사람들의 눈길이 싸늘해졌을 때,

나는 모두에게 사랑받을 수 없다는 걸 인정해야 했어.

그래도 미움받는 건 도통 익숙해지지 않더라. 누가 나를 미워하는 티가 나면 자리를 피하거나 관계에서 도망쳐버렸어. 내가 날 미워하는 것도 감당하기 힘든데, 다른 사람이 날 미워하는 마음까지 감당할 수는 없었지. 너무 가혹한 일이잖아. 날 싫어하는 사람을 무시하는 일, 자존감이 높은 사람들한테나 가능하다고 생각한 거야.

그런데 꼭 그렇지만도 않다는 걸 알게 됐어.

어느 날, 아는 언니를 만나 얘기를 나누고 있었어. 엄청 친하지는 않고 만나면 반갑게 인사하는 정도였지. 그런데 가벼운 얘기를 하는 와중에 속 깊은 얘기가 툭툭 튀어나와선 어느새 서로 진지한 표정을 짓고 있더라. 그때 내가 말했지.

"전 거절을 잘 못해요. 누가 날 미워하는 것도 힘들어요."

그 얘길 듣고 언니가 물었어.

"혹시 누군가에게 미치도록 미움받았던 경험 있어?"

곰곰이 생각해봤어. 누군가 날 싫어한다고 생각한 적은 있는데 그게 '미치도록'이라고 말할 정도였나. 그냥 싫어한 걸 넘어 '미치도록' 싫어했었나. 돌이켜보니 내가 피했던 사람들은 서로 껄끄러워하다가 안 보는 사이가 되거나 어떤 계기로 오해가 풀려 잘 지내기도 했던 것 같더라고. 시간이 해결해준 적도 있고. 미치도록 미움받은 경험은 아무래도 없는 것 같아 머쓱하게 고개를 저었지.

"없는 것 같은데요."

"난 있어. 누군가에게 미치도록 미움받았던 경험. 머리채도 잡혀봤다니까. 그때 느낀 게 뭔 줄 알아? 어차피 날 싫어할 사람은 싫어한다는 거야. 내가 아무리 노력해도 소용없어. 그 사람들한테는 잘해줘도 돌아오는 게 없는 거야. 그 뒤엔 오히려 내 마음대로 행동했어. 차라리 진짜 나쁜 사람이 되어보자면서. 그러니까 오히려 살기 편해지더라. 건드리지도 않고. 그러니까 날 싫어하는 사람이 있으면 그냥 무시해버려. 그게 널 위한 일이야."

그 말을 듣고 깨달았어.

난 한 번도 제대로 미움받아 본 적이 없어서 더 전전긍긍하며 무서워했다는 걸.

먼저 눈치 보느라고 내가 나를 괴롭혔다는 걸.

차라리 언니처럼 엄청난 미움을 받았더라면 빨리 알았을 텐데. '아, 세상에 날 이렇게까지 싫어하는 사람도 있구나!

내가 뭘 하든 간에! 내 멋대로 살아도 좋아할 사람은 좋아하고 싫어할 사람은 싫어하는구나!' 하면서. 그 뒤부턴 조금씩 달라지려고 했어.

'나쁜 사람이 되면 뭐 어때.
모든 사람에게 잘할 순 없잖아.
사람이 실수도 하고 그러는 거지.
어떻게 완벽할 수 있어?'

날 마뜩잖게 쳐다보는 사람을 마주할 때, 곤란한 부탁을 거절해야 할 때, 난 속으로 이렇게 속삭여. 최대한 나쁜 내 모습을 떠올리지. 때로는 뻔뻔한 표정도 지으면서. 근데 이게 효과가 있더라고. 물론 진짜로 뻔뻔한 표정을 짓지는 못하지만 그래도 내가 곤란해한다는 걸 드러낼 수는 있게 되었어.

뭐든 익숙해지면 가벼워지는 법이야. '거절'도 마찬가지지. 대신 날 위해 뭘 할 수 있을지 더 생각하게 됐어. 조금씩 나를 생각할 자리가 생겨난 거야. 너도 기억했으면 좋겠어. 날 싫어하는 사람을 사뿐히 무시하는 일은 너도 충분히 할 수 있는 일이라는 걸. 아니, 오히려 자신을 사랑하기 위해 반드시 해야 하는 일인지도 몰라.

네게 묻고 싶어.

누군가에게 미치도록 미움받아 본 적 있는지.

있다면 다시 그 순간으로 돌아갔을 때 그 사람의 마음을 돌릴 수 있는지.

아니라면 사뿐히 무시하고 같이 춤을 춰보자.

뭐든 익숙해지면 가벼워지는 법이야.
'거절'도 마찬가지지.
대신 날 위한 선택에 집중할 수 있게 됐어.

너도 기억했으면 좋겠어.
날 싫어하는 사람을 사뿐히 무시하는 일은
너도 충분히 할 수 있는 일이라는 걸.

아니,
오히려 자신을 사랑하기 위해
반드시 해야 하는 일인지도 몰라.

받고 싶은 마음을
나에게 선물하며

나보다 십 년은 더 살아온 그 여성분의 이야기가
아직도 잊히질 않아.

글쓰기 모임을 진행할 때였는데 우연히 그분의 이야기를 듣게 되었지. 집안 사정이 너무 어려워서 어릴 적부터 시설에 맡겨져 자라왔다는 게 이야기의 시작이었어.

부모님이 그분과 언니를 시설에 맡긴 이유는 돈 때문이었대. 감당할 수 없는 가난이었던 거야. 시설 생활도 여유롭지는 않았대. 고등학교에 입학할 즈음 시설에서 받는 용돈은 한 달에 일만 원 정도였지. 군것질을 하거나 물건을 사기엔 턱없이 부족한 금액이었어.

성인이 되어 퇴소한 뒤에는 이른 결혼을 했대. 아이까지 낳았지만, 그토록 꿈꿔왔던 온화한 가정은 이뤄지지 않았대. 남편의 무관심 속에서 자신을 놓아버린 친어머니를 간병해야 했거든.

그런데 이야기를 듣는 모두가 절망적인 표정을 지을 때 그분이 말했어. 어머니가 돌아가시기 일 년 전부터 자신에게 스스로 꽃을 선물하기 시작했다고.

"어떤 꽃을 선물하세요?"
"매일 달라져요. 꽃집에 들러서 마음에 드는 꽃 하나를 사오는 거예요."
"어떻게 자신에게 꽃을 선물하게 되었어요?"
"아무도 곁에 없다는 걸 안 순간부터 저 자신에게 꽃을 선물하기로 했어요. 저를 사랑하고 챙길 수 있는 사람은 저밖에 없으니까요."

그 얘길 듣는 순간 나는 삶의 아스라함과 견고함을 동시에 느꼈어. 누구도 위로해주지 않아서 스스로 꽃을 선물할 수밖에 없는 그 상황에 눈앞이 까마득해졌고, 그럼에도 자신을 사랑하기 위해 노력하는 태도에 마음이 든든했어. 외롭지만 외롭기만 한 삶은 아니었을 거야. 그분의 인생. 알고 있었던 거야. 자신에게 무엇이 필요한지. 그런 사람에게는 외로움도 상처를 줄 수 없지.

애기를 들으면 들을수록 그분은 마치 사막 위에 핀 한 송이 꽃 같았어. 도저히 피어날 수 없는 상황에서 깊게 뿌리를 내리고 기어이 몽우리를 터뜨린 꽃. 하지만 주변을 둘러봐도 펼쳐진 건 모래사막일뿐, 자신과 같은 꽃을 찾을 수 없었겠지. 그래서 친구를 만들기 위해 자신에게 꽃을 선물했던 거야.

내가 들은 그분의 삶을 여기서 다 꺼내놓을 순 없지만, 정말 사막 같았어. 낮에는 뜨거운 열기에 모든 것이 메마르고, 밤에는 차가운 이슬에 모든 것이 얼어붙는 그런 사막. 한 송이 꽃은 극한의 환경에서 살아남기 위해 최선을 다했어. 그런데 인생의 반을 지나서야 자신이 아무도 찾아올 수 없는 사막 한가운데 있다는 걸 알게 됐지. 그래서 주변에 자신과 닮은 꽃을 심기 시작한 거야.

선물 받는 건 언제나 기쁜 일이야. 그런데 자신을 위한 선물은 좀 의미가 다르지.

사전에서는 선물의 의미를 '남에게 어떤 물건 따위를 선사함. 또는 그 물건'이라고 풀이하고 있어. 그리고 선사한다는 건 '존경, 친근, 애정의 뜻을 나타내기 위하여 남에게 선물을 주다'라는 뜻이지. '선물'과 '선사하다'라는 단어 모두 그 대상이 '나'가 아니라 '남'이라고 되어 있어. 선물은 본질적으로 '나'에게 줄 수 없다는 얘기야.

하지만 그분은 '남'이 아닌 '나'에게 선물을 줬어. 이때 '나'는 스스로 돌보는 존재가 아닌 누군가의 도움이 필요한 '남'이었을 거라고 생각해. 나 자신을 '나'로 인식한 게 아니라 '남', 즉 타인으로 인식한 거지. 이게 그분이 말한 나를 사랑하는 숨은 비결일지도 몰라.

우리도 때론 그분처럼
자신을 도움이 필요한 타인으로 인식하고
따스한 손길을 내밀어야 하지 않을까?

4장

다시 오늘을

고양이를
인생 선배로 삼으며

삼인행 필유아사(三人行 必有我師).

『논어』에서 공자가 한 말로 '세 사람이 길을 가면 그 가운데 반드시 나의 스승이 될 만한 사람이 있다'는 뜻이야. 아무리 별로인 사람에게도 배울 점이 있으니 겸손하라는 얘기지.

이 말을 나는 조금 다르게 하고 싶어. 삼묘행 필유아사(三猫行 必有我師). 세 고양이가 길을 가면 그 가운데 반드시 나의 스승이 될 만한 것이 있다. 그러니까, 고양이라면 무릇 인생 선배로 삼을 만하다는 거야. 내가 고양이를 무척 좋아하는 까닭도 있지만, 실제로 고양이에겐 배울 점이 많거든.

나는 고양이를 키우고 있어. 아니, 어쩌면 고양이가 나를 키우는지도. 아무튼 고양이와 함께 살다 보니 정말로 배울 점이 하나둘 보이기 시작하더라.

첫째, 고양이는 자세를 낮출 줄 알아. 나는 집에서 주로 누워 있는 편이야. 뭐, 다들 그러겠지만. 그때마다 고양이는 내게 다가와 몸을 낮추고 눈을 쳐다봐. 결코 내려다보는 법이 없지. 무슨 말을 하는지는 모르지만, 나는 그때마다 큰 위로를 받아. 같은 위치에서 눈을 마주치는 것만으로도.

둘째, 고양이는 유연해. 강아지는 고체동물이고 고양이는 액체동물이라고 하잖아. 실제로 고양이를 들어 올리면 정말 액체처럼 흘러내리지. 아무리 좁은 공간도 얼굴만 들어가면 어떻게든 쓱 통과해. 그런데 놀라운 건 비좁은 사이를 통과하면서도 결코 무엇을 넘어뜨리는 일이 없다는 거야.

그 점이 사람이랑 참 달라. 사람들은 무언가를 하기 위해 부수고 상처주길 반복하잖아. 그런데 고양이는 그런 법이 없어. 상처를 주지도 받지도 않아. 자기에게 주어진 공간에 맞게 움직이고 자기에게 주어진 양의 음식을 먹지. 안 그런 경우도 있지만, 대개는 싫어하는 사람이 자기를 안아도 상처주지 않고 유연하게 빠져나가. 난 그 유연함이 늘 부럽더라고.

셋째, 무엇보다도 고양이는 사랑받을 줄 알아. 아니, 자신이 사랑받아 마땅한 존재라고 여기는 듯하지. 굉장하지 않아? 어마어마한 자신감이고 어마어마한 매력이야. 사랑받으려 노력하지 않는데도 충분히 사랑받을 만해. 그래서 이름을 불러도 눈길 한번 주지 않고(가끔 꼬리는 까딱하더라), 오랫동안 외출했다 돌아와도 반기지 않지(자기 기분 내킬 땐 또 적극적으로 친한 척하고). 그럼에도 사랑받아. 그래야 마땅한 존재니까. 그런 고양이에 비해 내 모습은 여기저기 꿰맨 자국 가득한 헝겊인형 같아. 사랑받기 위해 노력하다 찢어져 버린 모습이.

그리고 생각하지.
고양이처럼 나도 사랑받아야 마땅했는데…

아무리 그래도 고양이를 인생 선배로 삼는 건 좀 너무한 거 아니냐고? 음, 내가 고양이에게 넙죽 절하게 된 이야기를 들려줄게.

어느 날, 방바닥에 앉아 와인 한잔을 홀짝이며 책을 읽고 있었어. 그런데 우리 집 고양이가 내 무릎 위에 올라와 살며시 자리를 잡더라고. 언제나 그랬기에 그러려니 했는데 녀석은 성에 안 찼나 봐. 책을 잡은 손에 얼굴을 비비면서 난리를 치는 거야. 나는 다급하게 '잠깐! 잠깐만!' 하고 외쳤어. 하지만 녀석은 이미 흥이 오를 대로 오른 상태였고 막무가 내로 뒹굴다가 와인잔을 꼬리로 치고 말았지.

'아차!'

와인이 바닥에 남김없이 쏟아졌어. 아무리 예쁘고 사랑스러운 고양이라지만, 솔직히 조금 짜증 나더라. 그런 내 마음을 아는지 모르는지 고양이는 뻔뻔한 표정을 지으며 침대 위로 쓱 올라가 버렸어. 어쩔 수 없이 난 걸레를 가지러 가기 위해 자리에서 일어섰지. 그런데 그때였어. 바닥에 흘린 와인이 점점 한쪽으로 흐르는 거야. 미세하게나마 집이 기울어 있다는 증거였어.

웃음이 터졌어. 아, 이 녀석 집이 기울었다고 말하고 싶어서 와인을 엎질렀구나. 그렇게 생각하니 짜증은커녕 고마운 마음이 들더라고(물론 이제 와서 집의 수평을 맞출 순 없겠지만). 바닥을 훔친 뒤 녀석에게 조용히 속삭였지.

"고마워."

머리를 쓰다듬자 녀석은 기분 좋게 그르렁거렸어. 이 이야기의 끝이 뭐냐고? 말했잖아. 배우고자 하는 마음이 있다면 무엇이든 배울 수 있다는 거(웃음). 솔직히 와인잔 엎지른 고양이에게 '집이 기울었다는 걸 알려줬구나! 고마워!'라고 말하는 일, 바보 같잖아.

그냥 나는 모두가 마음을 조금만 열어뒀으면 좋겠어. 아주 많이도 아니고 그냥 세 사람 가운데 한 명 정도는 배울 게 참 많다고 생각할 만큼만.

세상에…
고양이를 스승이라 생각하는 사람도 있구나, 하면서.

조금 부족한 나를
오롯이 사랑하며

완벽한 나.
이 단어를 듣고 너는 어떤 이미지를 떠올릴까.

 나부터 먼저 얘기할게. 솔직히 아무것도 떠오르지 않아. 완벽이란 거 생각하기 나름 같거든. 완벽하다고 생각하면 완벽해지고, 완벽하지 않다고 생각하면 완벽해지지 않지. 각자의 시선에 의해 세상은 완벽하고 또 완벽하지 않아져. 그래서 완벽한 나를 떠올리는 일 자체가 무의미하게 느껴져.
 완벽한 나와 완벽한 세상에 대해 생각해볼 만한 책 구절을 들려주고 싶어.

기는 지네를 부러워하고 〔夔憐蚿〕

지네는 뱀을 부러워하고 〔蚿憐蛇〕

뱀은 바람을 부러워하고 〔蛇憐風〕

바람은 눈을 부러워하고 〔風憐目〕

눈은 마음을 부러워하고 〔目憐心〕

마음은 기를 부러워한다. 〔心憐夔〕

- 『장자(莊子)』, 「추수편(秋水篇)」

여기서 나오는 기(夔)는 가상의 생명으로, 세상에서 가장 아름다운 동물이지만 다리가 하나밖에 없어. 그래서 기는 세상에서 가장 아름다운 동물임에도 불구하고 다리가 많은 지네를 부러워해. 지네는 다리가 없는 뱀을, 뱀은 움직이지 않고도 멀리 가는 바람을, 바람은 가만히 있어도 어디든 가는 눈을, 눈은 보지 않고도 어디든 다다를 수 있는 마음을, 그리고 마지막으로 마음은 세상에서 가장 아름다운 기를 부러워하지.

장자의 이야기처럼, 우리는 늘 자신이 아닌 무언가를 부러워해. 자신이 부족하다 생각하고, 가진 것에 만족하지 않지. 그렇게 무언가를 부러워하다 보면 끝도 없이 부러운 것들이 생겨나. 돈 많은 사람, 가족이 화목한 사람, 성적이 좋은 사람… 그리고 그들을 부러워하면서 자신이 초라하다고 여겨. 세상에 완벽한 건 없는데, 부러워하는 그 사람도 어딘가 분명 괴로운 일이 있을 텐데 말이지.

네가 불쑥 나를 찾아왔을 때였어(너는 참 예상치 못한 순간에 잘 나타나는 편이야). 나는 글을 쓰고 있었지. 노크 소리를 듣고 고개를 돌렸을 때 너는 문틈 사이로 지친 얼굴을 들이밀었어. 나는 하던 일을 멈추고 미소로 맞이했어. 넌 조용히 내 앞에 놓인 의자에 앉았지. 그렇게 얼마의 정적이 흐른 뒤 네가 입을 열었어.

"언니, 나 오늘 시험 망쳤다?"

단순히 시험을 망쳤다고 보기에는 네 표정이 너무 어두웠어. 망친 시험 때문에 여기까지 온 것 같진 않았지. 나는 네 마음을 조금 더 들어보기로 했어.

"사실 시험만 망친 게 아니야. 다 망쳤어. 엄마 아빠 기대에 맞는 대학에 가는 것도 실패했고, 좋은 자식으로 남는 것도 실패했어. 그냥 말 잘 듣는 애처럼 살아보려고 했는데 그것도 안 돼. 노력해도 안 돼. 최소한 내가 내 맘엔 들어야 하는데 어떻게 그것마저 안 돼. 기대받은 만큼 잘하고 싶은데… 역부족인가 봐. 너무 힘들어서 죄책감까지 들어. 잠도 못 자. 내가 너무 뒤처지는 것 같아서, 너무 모자란 것 같아서…"

너는 금방이라도 무너져내릴 것 같았어. 마음의 짐이 너를 강하게 억누르고 있었지. 나는 네 어깨를 살살 털어주고 싶었지만 실제로는 가만히 앉아있을 수밖에 없었어. 그 마음의 짐의 무게를 나도 잘 알고 있었기 때문이야.

한참 듣고만 있던 내게 너는 이만 일어나야 한다고 말했어. 또 준비해야 할 시험이 있다면서. 그렇게 긴 시간 속마음을 털어놓았는데도 넌 전혀 가벼워 보이지 않았어. 그런 너를 그냥 보낼 수 없어서 큰길까지 데려다주겠다며 따라나섰지.

늦은 밤, 뜨문뜨문 가로등이 켜진 거리를 걸으며 나는 네게 말했어.

"나는 말이야, 지금 네가 발전해야 할 그런 존재라고 생각하지 않아. 물론 네 눈에는 네가 불완전해 보이겠지. 아직 할 수 있는 게 많지 않다고 느낄 테고. 하지만 내 눈에는 그런 것들이 전혀 보이지 않아. 그저 자기를 위해 노력하는 네 모습이 부럽고 대단할 뿐이야. 나는 너처럼 무엇이든 열심히 하는 사람은 못 될 것 같거든."

너는 발걸음을 멈추고 나를 쳐다보았어. 그런 네게 나는 미소를 지으며 얘기했지.

"내 눈에 너는 이미 충분히 완벽한 사람이야."

그때 네게 했던 말은 뭐랄까. 누군가는 너를 충분한 사람으로 느끼고 있다는 걸 알려주고 싶었어. 실제로 네 의지와 노력과 행동은 내 눈엔 대단해 보였거든. 학교 다니기 싫어서 자퇴한 나와 달리 너는 대학교까지 진학했고, 비록 부모님이 원하는 대학은 아니지만 다른 사람들이 충분히 부러워할 만한 학교에도 합격했잖아. 그런 네가 내게는 한 편의 아름다운 작품 같았어.

작품을 볼 때 중요한 건 그린 사람의 기교나 능력이 아니라 바라보는 사람의 마음이야. 설령 그 작품이 작가 자신에게는 부족하게 느껴지더라도 보는 사람이 훌륭하다고 느끼면 그건 훌륭한 작품이지.

너는 내게 그런 작품이었어.

내가 사는 세상에 완벽하지 않은 것은 없어. 내가 가진 건 '지금'밖에 없어서, 지금 사랑하지 않으면 다시는 사랑할 수 없게 되어버리거든. 나도 부족하겠지. 잘 못하고 있을 수 있어. 그런데도 사랑해. 그럼에도 사랑해. 지금 사랑하지 않으면 어떤 미래가 와도 사랑할 수 없을 테니까. 그 미래가 지금일지도 모르니까.

기는 지네를 부러워하고, 지네는 뱀을 부러워하고, 뱀은 바람을 부러워하고, 바람은 눈을 부러워하고, 눈은 마음을 부러워하고, 마음은 기를 부러워하고…

그리고 지금 나는,
완벽하지 않은 너를 부러워하네.

나는 말이야,
네가 이미 충분히 완벽하다고 생각해.

물론 네 눈에는 네가 불완전해 보이겠지.
아직 할 수 있는 게 많지 않다고 느낄 테고.

하지만 나는 네가 대단한 사람으로 보여.
자기를 위해 노력하는 네 모습이 멋있게 보여.
나도 너처럼 무엇이든 열심히 하는 사람이면 좋겠다.

내 눈에 너는 이미 충분히 완벽한 사람이야.

적당히 먹고, 적당히 자고, 적당히 일하며

인문학 수업을 들을 때였어.

당시 나는 동양철학 가운데 『대학(大學)』과 『중용(中庸)』을 공부했지. 다신 '공부'와 만나지 않을 거라 생각했는데, 우연히 듣기 시작한 동양철학에 푹 빠져선 일 년이 넘도록 수업을 들으러 갔어. 무려 왕복 두 시간과 비싼 교통비를 무릅쓰며. 수업료보다 교통비가 더 나올 정도였지.

수업료보다 비싼 교통비를 내며 배운 것은 단순히 '철학적 지식'만은 아니었어. 물론 공자가 어떻고 안회가 어떻고 자사가 어떻고 역사적 배경이 어떻고… 열심히 필기하며 들었지만 머리엔 남지 않더라(웃음). 역시 지식인은 되기는 글

렀나 봐. 사실 내가 관심 가진 것은 그런 지식이나 역사가 아니었어. 삶을 어떻게 살아야 하는가. 그 부분에 관심이 있어 철학을 공부했지.

수업 마지막 날, 가장 인상 깊은 구절을 손으로 적어보는 시간이 있었어. 캘리그래피를 액자로 만들어 소장하기로 했는데 나는 『대학』의 한 구절을 썼지.

마음이 거기에 있지 않으면〔心不在焉〕
보아도 보이지 않고〔視而不見〕
들어도 들리지 않는다.〔聽而不聞〕

- 『대학(大學)』, 「정심장(正心章)」

당시 나는 사는 게 굉장히 힘들어서(언제는 안 그랬지?) 저 문장이 마음에 푹 와닿았어. 마음이 없었다면 그 어떤 좋은 말을 들어도 그냥 스쳐 지났겠지. 아무리 맛난 음식도 입맛이 없으면 맛있게 느껴지지 않는 것처럼 말이야. 이처럼 살아가는 데 최선을 다하는 것. 그게 내가 『대학』으로부터 얻은 가르침이었어.

그런데 살다 보니 더 깊숙하게 와닿는 가르침이 있었어. 그건 『중용』이야. '지나치거나 모자라지 아니하고 한쪽으로 치우치지도 아니한, 떳떳하며 변함이 없는 상태나 정도'. 사전에 중용을 검색하면 이렇게 나와. 지나치거나 모자라지 않은, 치우치지 않은 상태. 이걸 내 식대로 해석하면 이거야.

적당히 먹고, 적당히 자고, 적당히 일하자.

너무 간단하게 해석했나? 먹고 자고 일하는 것. 매일 우리가 반복하는 일상이지. 그런데 그 일상에 '적당히'를 유지하는 건 힘든 일이야. 적당히 먹지 않으면 탈이 나고, 적당히 잠자지 않으면 늘 피곤하고, 적당히 일하지 않으면 스트레스를 받아 몸이 망가지지. 조금만 밸런스가 무너져도 하루가 와르르 무너져 내려. 일생에 단 한 번밖에 주어지지 않는 소중한 하루가.

나도 '적당히'를 지키지 못해 완전히 날려버린 날이 많아. 엊그제도 적당히 술자리를 끊지 못하고 과음하는 바람에 적당히 자지 못하고 다음 날 숙취에 시달려야 했지. 오전을 날리고 겨우 몸을 일으켰는데 이번엔 배가 고픈 거야. 그래서 해장으로 돼지국밥을 시켰는데 속을 푼다며 평소보다 많이 먹어버렸어. 오후 내내 소화제를 먹고 아픈 배를 움켜쥔 채 또 누워 있어야 했지. 진통이 조금 가라앉았을 땐 이미 해가 뉘엿뉘엿 넘어가는 저녁 시간이었어. 일해야 하는데… 생각과는 달리 몸이 안 움직이더라. 작업실로 가기엔 이미 너무 늦은 시간이었고. 결국 마음이 불편해서 이렇게 단념해버렸지.

'그래. 오늘 하루만 쉬자.'

하루만, 하루만… 얼마나 많은 하루가 이렇게 흘렀을까. 사실 나는 알고 있었어. 이미 수많은 하루를 이렇게 버렸다고. 그 괴로운 마음을 달래기 위해 또 술을 마시고, 또 하루를 버리고.

『중용』을 공부하다 보면 단순히 일상의 균형을 유지하는 일 외에 더 많은 부분을 깨닫게 돼. 언제 도전해야 하고, 언제 쉬어도 되는지. 또 언제 당당해야 하고, 언제 겸손해야 하는지. 인생이라는 길 가운데 내가 어느 지점에 놓여 있는지. 살아가면서 마주하게 되는 모든 중요한 선택의 순간에 중용을 생각하게 되지.

그리고 중용의 시작은 바로 하루라는 작은 시간 단위에서부터 시작돼. 적당히 먹고, 자고, 일하는 아주 작은 하루 습관부터.

무엇보다도 중용을 실천하면 후회하는 일이 점점 줄게 돼. 어제 술을 너무 많이 마시는 게 아니었는데… 과식하는 게 아니었는데… 일을 더 해두는 건데… 이런 사소한 후회들은 모두 중용이 무너지며 생긴 결과야. 이런 사소한 후회가 모여 한 달을 후회하게 되고, 일 년을 후회하게 되고, 결국 평생을 후회하게 되지. 내가 살아온 시간 자체를.

'적당히'만 하면 되는데, 적당히 화내고 적당히 우울했으면 되는데 말이야.

적당히 해~.

무척 쉽고 간단한 말이지만, 세상에서 제일 어려운 일이지. 수천 년 전 공자의 손자가 지은 책 『중용』이 아직도 많은 사람의 인생 교과서로 쓰이는 건 그만큼 중용을 지키기가 어렵기 때문일 거야. 나 역시 매일 적당히 하자, 생각하면서도 어느새 지나치게 몰입해 있는 모습을 발견하게 되거든. 그런 의미에서 오늘은 적당히 먹고, 적당히 자고, 적당히 일했네. 그럼 중용의 실천을 위해 이만 끝.

누가 뭐라 해도
미친 듯이

"미쳤다!"

내가 가장 좋아하는 칭찬이라고 해야 할까. 성격이 꼬인 탓인지 이 말을 들으면 뭔가 뿌듯함을 느껴. '미친 거 아니에요?'라는 말을 들으면 정말 기분이 좋아지지. 반대로 '매우 정상적이네요'라는 말을 들으면 반성해. 아, 좀 더 미쳤어야 하는데 아직 다 미치진 못했구나, 이러면서(웃음).

보통 '미쳤다'는 쉽게 이해할 수 없는 상황을 봤을 때 쓰는 말이야. 왜 저렇게 사는지 모르겠다. 왜 저런 행동을 하는지 이해되지 않는다. 뭐 그런 뜻이지. 그런데 반대로 무언가 굉장히 잘했을 때도 '미쳤다'는 감탄사를 쓰곤 해. 이렇게 말하고 나니 나는 여러모로 미쳐있는 사람이 맞네. 정신에 이상도 있고, 상식에도 벗어났고, 무언가를 굉장히 잘하기도 하니까.

내가 미쳤다는 말을 좋아하게 된 계기가 있는데 들려주고 싶어. 왕양명의 『전습록(傳習錄)』에 나오는 이야기야. 스승인 양명을 비난하는 무리가 많아졌다며 제자들이 우려를 표하자 양명이 이런 얘기를 해.

> 요컨대 나는 최근에야 겨우 광자(狂者)의 심경을 가지게 되었다. 알다시피 광자는 치우친 사람이며, 당연히 성인이 아니다. 하지만 광자는 성인은 아닐지언정 그 자신이 품은 성인을 향한 열정을 포기하거나 굽히지 않는 사람이다. 나는 천하의 사람이 모두 나의 말과 행동이 일치하지 않는다고 비웃을지라도 나의 뜻을 포기하거나 굽히지 않을 생각이다.
>
> -『전습록』, 왕양명

광자는 말 그대로 '미친', '놈'이야. 하지만 양명은 스스로 광자가 되기를 바라지. 모두 옳다 말하는 성인이 아니더라도 포기하거나 굽히지 않는 사람. 치우쳐져 있지만 열정을 가진 사람. 온전하지 못해도 뜻을 굽히지 않는 열정을 가진 사람. 왕양명의 이런 미침은 어쩌면 세상에 정말 필요한 게 아닐까.

나는 미치는 게 즐거워.
옳고 그름 따위도 미친 것에 던져버려.
미쳤기 때문에 내가 할 수 있는 일이 있을 테니까.

아무리 생각해도 미친다는 건 즐긴다는 게 아닐까 싶어. 내가 즐기기에 이해되지 않아도 하는 일. 이를테면 체감온도 영하 30도의 날씨에 밖에서 찬물로 머리를 감는 일. 어때, 듣기만 해도 미친 짓이지?

나 역시 미친 짓이라 생각했어. 그런데 그렇게 생각하고 나니 너무 해보고 싶은 거야. 얼마나 미친 짓인지 경험해보고 싶은 거야. 그래서 한겨울에 진짜 찬물로 머리를 감았지. 아찔하더라. 머리카락이 얼어붙기 전에 샴푸로 거품을 내고 '아아아악!' 소리를 지르며 또 찬물로 씻어냈어. 수건으로 물기를 터는데 그 어느 때보다도 정신이 바짝 들었지. 너무 미친 탓일까, 웃음까지 나더라.

이유는 없었어. 해보고 싶으니까 한 거야. 이해받지 못하는 행동이라도 즐거운 건 즐거운 거야. 남들이 하지 않는 행동을 한다는 것 자체가. 남들은 하지 않는 경험을 한다는 것 자체가. 머리를 다 감고 크게 웃으면서 생각했어.

'역시 안 미친 게 아니야!'

물론 반대일 때도 있었어. 괴로워서 미친 적. '만성 우울' 판정을 받은 나는 늘 우울한 기분에 빠져 있었어. 조금 나아질 것 같다가도 다시 악화되기 일쑤였지. 그 기분에서 빠져나오기 위해 별별 행동을 다 해봤어. 미친 듯이 술을 마셔보고, 스스로를 해치기도 했지. 덕분에 '알코올의존장애' 판정도 받았어. 밤마다 잠들지 못한 채 손을 떨고, 식이 장애 때문에 음식만 봐도 구역질이 치밀어 올랐어. 몸속 어디가 아픈 줄 알고 병원에 갔더니 소화기내과 의사가 정신과에 가보라더라. 이미 다니고 있었는데 말이야.

시간이 흐를수록 더는 견딜 수 없는 상태에 다다랐어. 어떤 날은 술을 마시다 당장 죽어야겠다며 집에서 뛰쳐나가기도 했어. 머릿속에서 죽으라는 소리가 들려왔거든. 친구에게 붙잡혀 정신병원에 입원했는데, 매일 안정제를 맞아야만 잠이 들 수 있었지. 너무 괴로워서 세상이 분열되는 느낌이었어. 지금은 이런 얘기를 글로 쓸 수 있게 되었지만, 그때는 제대로 말도 못해 더듬기 일쑤였지. 그때의 세상은 뭐랄까, 죽음에 가까웠어. 미칠 만큼 아파서 정말 죽음에 가까웠어.

이렇게 엉망일 때도 있지만, 나는 즐거워서 미치든 괴로워서 미치든 미치는 걸 좋아해. 좋아하지 않으면 두려워하게 되거든. 미치지 않았다면 영하의 날씨에 머리 감는 일을 두려워했을 테고, 미치는 걸 좋아하지 않았다면 다시 찾아올 괴로움과 아픔을 두려워했겠지. 그 두려움은 평생 나를 전전긍긍하며 도망치게 만들었을 거야.

나는 그러고 싶지 않아.
도망치고 싶지 않아.
어차피 겪어야 하는 일이라면 차라리 좋아하겠어.
좋아하고 즐기겠어.
나는 그렇게 나만이 할 수 있는 일을 향해 갈 거야.
누가 뭐라 해도 미친 듯이.

어린아이처럼
'왜?'라고 계속 물어보며

나는 니체를 좋아해.

그 허무주의와 정신착란 증세들. 내가 정신병원에서 감명 깊게 읽은 책 중 하나가 『차라투스트라는 이렇게 말했다』였어. 한 걸음도 밖으로 나갈 수 없는 폐쇄병동 병실에서 침구류를 곱게 개고 창살에 기대앉아 책을 읽는 자살 시도 생존자. 그의 손에 들린 책은 프리드리히 니체의 『차라투스트라는 이렇게 말했다』. 어때, 낭만적이지 않아?

당시 나는 그런 것들에 심취해 있었어. 곁에 있는 사람이 '널 영원히 사랑할 거야'라고 말하면 '인간은 행동은 약속할 수 있지만, 감정은 약속할 수 없어. 그러니 그건 거짓말이야'

라며 니체의 말을 인용하기도 했지. 실제로 무엇도 믿지 않았고. 이런, 지금 생각해보니 나 정말 까다롭고 예민한 사람이었네.

그런 내가 니체 철학에서 가장 좋아하는 부분은 '낙타-사자-어린아이'로 변화하는 과정이야. 대략 요약하자면, 낙타는 의무와 금욕의 상징으로 타인의 명령에 복종하는 수동적 존재야. 이 낙타가 사막으로 가서 자유를 얻고 고독을 견뎌내며 스스로 주인이 되려는 사자로 변하지. 하지만 참된 자유는 어린아이의 삶에 있어. 순진무구하며 망각하는 삶을 살아가는 어린아이는 무엇이든 만들어낼 수 있는 존재니까.

어린아이는 과거를 잊어.
그렇기에 새롭게 시작할 수 있어.

어린아이는 모든 것이 놀이야.
그 무엇이라도 가볍게 즐기며 살아.

어린아이는 특별해지고 싶어 하지 않아.
존재하고 있는 그대로를 살아갈 뿐.

정신병원에서 그 책을 읽던 나는 사자였어. 세상의 규칙 따위는 벗어던지고 내 자유를 갈망하는 존재였지. 다른 사람이 '원래 그런 거야'라고 말하면 무조건 '아니요. 저는 그렇게 생각하지 않아요' 하고 토를 달았어. 부모님이든 주치의든 직장 선배든. 나를 구속하고 있는 모든 것을 벗어던지고 싶었지.

도덕적 규범, 사회적 인식 같은 것이 아닌 나의 의지로 만들어진 삶을 원했어. 오로지 '나'의 규칙으로 살아가려 한 거야. 자유를 위해 죽음을 선택하려고도 했지. 아니, 사실 그 정도로 거창한 건 아니고(웃음) 세상의 방식에 불만이 많았다고 해야 할까. 사회는 나를 관리가 필요한 정신질환자라고 불렀으니까.

그렇게 여러 번 입원하고 또 입원했지. 사자 같은 나를 다루기 위해 현대의학이 발전시켜온 모든 방법이 동원됐어. 약물치료, 상담치료, 자기장으로 뇌의 특정 부위를 자극하는 TMS라는 신기술, 진짜 전기 충격을 가하는 ECT(전기경련치료)까지. 고작 내 생각 좀 바꿔보려고 매달리는 병원을 이해할 수 없었어.

어차피 사람은 죽고, 내 죽음도 수많은 죽음 중 하나에 불과할 테니까.

그렇게 세상을 향해 으르렁거리다 보니 어느새 해가 넘어가고, 또 넘어갔어. 그래도 살아있었던 덕분일까. 내 삶은 사자에서 어느새 어린아이로 가는 길목에 있었어.

내가 병원 입퇴원을 반복할 때, 나와 비슷한 나이의 지인이 갑작스레 세상을 떠났어. 어느 날 생각지도 못한 부고를 받았지. 무척이나 열심히 살던 사람이었는데… 그토록 죽음을 원하던 나는 이렇게 살아있는데… 세상이 뜻대로 흘러가지 않는다는 걸 뼈저리게 느꼈어. 나는 이 세상의 흐름에 속한 부품 같은 거라고, 어쩌면 의지조차 내 것이 아닐지도 모른다고. 그제야 난 새로운 시선으로 세상을 바라보기 시작했어. 내 것이라 생각했던 것들이 내 것이 아님을 알았으니까.

그때부턴 뭐랄까. 죽음을 원하지 않아도 죽는다는 걸 알았어. 살고 싶어도 죽고, 죽고 싶어도 죽지. 우리는 매일, 매시간 죽음을 향해 가고 있는 거야. 노력하지 않아도 주어지는 것에 굳이 노력할 필요가 있을까. 대신 나 자신에게 계속 묻게 되더라.

'어차피 죽을 거, 지금 뭘 하고 싶어?'

나는 재밌을 만한 일들을 잔뜩 생각해냈어. 이렇게 해보고 싶어. 저렇게 해보고 싶어. 책을 만들어보고 싶어. 체감온도 영하 30도의 날씨에 밖에서 찬물로 머리를 감고 싶어. 여기가 얼마나 높은지 뛰어내려 보고 싶어. 뛰어내린 뒤에는 다리를 절룩이면서도 하하 웃었지. 이 정도로 높았구나! 떨어지는 기분은 이렇구나! 해봤으니 됐어! 아, 재밌었다. 저런, 너무 미친 사람 같나. 그렇게 이상한 사람은 아니야. 아니, 아니. 솔직히 상관없어.

눈을 뜨면 어제를 잊어. 새로운 삶이 계속해서 태어나는 거야. 그야말로 어린아이 같은 삶이 펼쳐지지. 매일 새로워. 단조로운 것은 없어. 하늘은 여느 때보다 아름답고 땅은 더욱 단단해졌어. 마시는 공기도, 걷는 느낌도 어제와는 또 달라. 이제야 나는 '살아있다'고 느끼곤 해. 살아가는 것은 이런 거라고.

사람들은 '갈수록 철이 없어진다, 어린아이 같다'라고 내게 말해. 나는 되려 그 말이 좋아. 오히려 그들에게 끝없이 '왜?'라고 물어보지. 나 자신에게도. '왜?'라는 물음은 어린아이의 삶에 빠질 수 없는 필수요소거든. 계속해서 '왜?'라고 묻다 보면 어느 것도 답이 되지 않는 걸 깨닫게 돼. 무한대로 질문할 수 있으니까.

그러니까, 세상에 '정답'이 있긴 할까?

이제는 자유를 떠올리지 않아도 자유로워.
어린아이는 사자가 되기도, 낙타가 되기도 하지.
'왜?'라는 질문과 함께 정답이 없는 세상에서.

죽음을 원하지 않아도 죽는다는 걸 알았어.
살고 싶어도 죽고, 죽고 싶어도 죽지.
우리는 매일, 매시간 죽음을 향해 가고 있는 거야.

노력하지 않아도 주어지는 것에
굳이 노력할 필요가 있을까.
대신 나 자신에게 계속 묻게 되더라.

'어차피 죽을 거, 지금 뭘 하고 싶어?'

어떤 일은 그럴 수도 있다고
말해보며

인생을 편하게 만들어주는
주문이 있다면 얼마나 좋을까.

승승장구하던 직장과 모든 것을 버리고 태국 숲속 사원에 들어간 사람이 있어. 스웨덴 출신 승려 비욘 나티코 린데블라드야. 그는 『내가 틀릴 수도 있습니다』라는 책에서 이렇게 말해. 나를 평온하게 만들어주는 주문은 바로 '내가 틀릴 수도 있습니다'라고. 마음이 힘들거나 일이 잘 풀리지 않을 때 이걸 세 번 외워보라고.

나는 여기에 한마디 덧붙이고 싶어.

"그럴 수도 있지."

어찌 보면 비슷한 맥락의 말이야. 내가 틀릴 수 있듯이 당신이 틀릴 수 있고, 내가 그럴 수 있듯이 당신도 그럴 수 있다는 거. 둘 다 포용하고 인정하는 말이지. 그래서 나는 마음속에 태풍이 올 때마다 가만히 읊조려.

그럴 수도 있지.
내가 틀릴 수도 있지.

처음엔 '그래도 그래선 안 되는 건데…'라는 생각이 거센 바람을 일으키지만, 주문을 계속 되뇌다 보면 어느새 바람이 잦아들고 파란 하늘이 드러나. 세상은 불공평하지만, 모든 일은 그럴 수도 있다 여기게 돼.

설령 이해의 대상이 나를 비난한 사람이든, 누구에게도 위로받지 못한 자신에 대한 원망이든, 이미 벌어질 일은 벌어졌다고 인정하고 나면 위태롭던 마음이 툭 놓아지는 기분이야. 있을 수 없는 일은 세상에 없으니까. 다 그럴 수 있으니까. 어쩌면 이 모든 게 자연스러운 일이고 순리에 의해 돌아가는 것일 테니까. 내가 아무리 부정하려고 해도 일어날 일은 일어나게 마련이니까.

이 주문은 인정의 말이야.

네가 세상에 절대 내놓을 수 없는 마음을, 경험을, 생각을 내게 툭 꺼냈을 때 나는 말해.

"그럴 수도 있지."

죽고 싶다는 말에도, 죽이고 싶을 만큼 밉다는 말에도, 그동안 네가 다른 사람에게 하지 못했던 말을 꺼내는 순간, 그럴 수도 있다고 인정받는 순간, 우리는 지금 그대로의 모습으로 살아도 괜찮은 존재가 돼. 늘 부정의 범주에 존재하던 우리가 인정의 범주로 들어서는 거지. 그제야 우리는 스스로 질문을 던져.

그럴 수도 있다면, 이제 우리는 어떻게 살아야 하는 거지?

이 주문은 용서의 말이야.

내게 일어나선 안 되는 일이 일어났을 때, 상처를 준 사람이 소중한 사람일 때, 그들을 미워하는 마음이 커지면 네 마음도 괴로워져. 도저히 인정할 수 없어. 도저히 용서할 수 없어. 상처받은 나와 타인에 대한 원망이 가득 차오르는 거야. 상처투성이 어린 시절을 만들어준 가족에게, 내 마음을 알아주지 못한 반쪽 같던 친구에게, 해서는 안 되는 폭력을 저지른 이에게… 그때 난 다시 말하겠어.

"그럴 수도 있지."

내가 받은 상처도, 상대가 내게 준 상처도 모두 그럴 수 있는 일이라고. 누군가 겪는 일들을 내가 겪은 것뿐이라고. 이 말을 계속 되뇌다 보니 원망하는 마음이 맥없이 사라지더라. 지금까지 누굴 미워했던 일이 마치 허공에 대고 주먹질을 했던 것처럼 느껴졌지. 그러고는 알았어. 원망보다 용서가 더 마음 편한 일이란 걸. 이기적으로 용서해버리자고. 오로지 나를 위해서 상대를 용서해버리자고.

이 주문은 한 걸음 앞을 향하는 말이야.

퀴블러로스라는 정신의학자는 상실이 다섯 단계를 거친다고 했어. 부정과 분노, 타협과 절망, 마지막으로 수용의 단계에 다다른다는 거지. 수용은 '이상 없음'이나 '괜찮다고 여김'의 의미가 아냐. 상실했다는 현실을 받아들이고 새로운 현실로 나아간다는 뜻이야.

내게 일어난 일들, 내가 겪은 상실과 슬픔 모두 그럴 수 있는 일이라 인정하고 나면, 우리는 그것들과 어떻게 살아야 할지를 고민하게 돼. 그럴 수 없다는 부정을 넘어 그럴 수 있다는 수용의 단계에 이르는 거지. 고작 '그럴 수도 있다'는 말 하나로.

"그럴 수도 있지."

때로는 이 말이 너무 무심하게 느껴져도, 결코 그럴 수 없다는 마음이 넘쳐흘러도 다시 한번 읊어봐. 그럴 수도 있다고. 모든 일은 그럴 수도 있다고. 내 몸에 덕지덕지 붙은 감정들로부터 한 걸음 물러서서 다시 한번 말해봐. 진짜 그럴 수 없는 일일까. 그렇다면 내게 닥친 이 모든 일은 뭘까. 의문이 피어나는 순간 우리 눈엔 현실이 보여. 부정할 수 없는 현실이. 그 뒤 다가올 것은 어쩌면 분노나 타협일지도 몰라. 그러나 마침내 우리는 새로운 현실을 창조해나가지. 그럴 수도 있는 일이었다면서.

마지막으로 네게 말하고 싶어.
너도 '그럴 수' 있는 사람이라고.
이 모든 것을 해낼 수 있는 사람이라고.

그럴 수도 있지. 그리고, 그럴 수 있지.

헤어져도 인생은
끝나지 않는다는 걸 기억하며

이별,
살면서 누구나 반드시 겪게 되는 일.

누구를 만나든, 무엇을 하든, 어떤 식으로든 우리는 이별을 겪으며 살아가. 때로는 예상치 못한 누군가를 급히 떠나보내기도 하고, 과거의 자신과 헤어지기도 하지. 세상에는 너무 많은 이별이 있어. 그만큼의 만남도. 아프고 또 기쁜 일이야.

그 수많은 이별 중, 오늘 얘기하고 싶은 것은 사람과의 혹은 사랑과의 이별이야. 내가 그러하듯 네 머릿속에도 그 사람이 떠오를 거야. 가장 소중했던 이와의 이별… 가장 아프고 쓰라렸던 이별… 벌써 가슴이 먹먹해지네. 곧 비가 쏟아질 것 같아. 차라리 눈을 감아버리고 싶다.

내게도 이별이 너무나 아프게 다가왔던 순간이 있어. 첫 연인과의 이별이었지. 일 년 정도 만났는데 돌이켜보면 그 정도로 사랑했나 싶어(웃음). 안 좋은 기억만 잔뜩 떠오르거든. 지금 생각해보면 그 사람, 완벽하지도 않았어. 불안정하고 상처받은 사람이었지. 그럼에도 내 세상에 불쑥 나타나 나를 흩트려놨어. 의지할 사람 없이 혼자 살아가던 내게 다가와 사랑을 줄 것처럼 굴었거든. 그때는 그게 사랑 같았어. 되돌아보면 난 그 사람을 사랑한 게 아니라 그저 누군가 한 명에게라도 사랑받고 싶었던 거였는데.

그래서일까. 그만큼이나 괴로운 시간이었어.

그 사람. 내가 사랑받고 싶어 한다는 걸 알고 있었던 거야. 그래서 사랑을 미끼로 무엇이든 자기 마음대로 했어. 만나는 시간도, 장소도, 연락해오는 것도. 나는 늘 끌려다녔지. 그 사람 마음대로 질질. 겨울날, 밖에서 두 시간을 덜덜 떨면서 기다렸는데, 화를 내긴커녕 그래도 만날 수 있다는 생각에 희망을 품고 기다렸는데… 그 사람, 미안한 기색 하나 없이 슬리퍼를 끌고 나타나선 하는 말이 이랬지.

"왜 기다렸어?"

나는 솔직하게 말했어.

"그냥, 좋아서."

그는 날 한심한 듯 바라봤어. 온기는 전혀 느껴지지 않았지. 그 눈빛을 보며 더 이상 그에게 내가 필요하지 않다는 걸 알았어. 나는 그 사람이 필요한데. 날 사랑해줄 사람은 저 사람밖에 없는데. 상처가 깊게 쌓이는 걸 알면서도 헤어질 수 없더라. 괴로운 마음에 일기장을 반으로 접고 한쪽에는 헤어져야 하는 이유를, 한쪽에는 계속 만나야 하는 이유를 적어보았어. 헤어져야 하는 이유는 넘쳐나는데 만나야 하는 이유는 단 하나였지.

사랑받고 싶어.

그 하나가 나머지 헤어져야 할 이유를 다 덮어주었어. 하지만 이별을 피할 순 없었지. 그 사람도 나도, 진짜 사랑하지 않았으니까.

헤어진 날, 나는 멍하니 걷다가 눈물을 흘리지 않기 위해 위를 쳐다보았어. 그날 하늘은 정말 한없이 높고 푸르렀지. 구름 한 점 없는 청명한 날에 헤어진 거야. 온 신경을 걷는 데 집중했어. 그 자리에 주저앉을까 봐. 하지만 이내 단 한 걸음도 디딜 수 없게 됐고 눈물이 쏟아졌지. 인생이 끝난 것 같았어. 나라는 존재가 사라진 것 같았어. 난 사랑받을 수 없는 사람 같았어. 이 푸르른 하늘도, 그 사람도, 어디에도 내가 필요 없다고 생각했어.

그런데 말이야.
인생은 그렇게 끝나지 않더라.
세상의 전부가 떠나가도, 아무리 아파해도,
내가 살아가며 겪어야 할 일의 일부였을 뿐이더라.

『사랑 수업』을 쓴 윤홍균 정신과 의사는 이렇게 말해.

이별도 사랑의 일부로 받아들여야 한다는 것. 이별을 잘해야 사랑도 가치가 있고, 다음 사랑도 잘 준비할 수 있다.

- 『사랑 수업』, 윤홍균, 심플라이프

이별은 어른이 되어가는 성장통이고, 앞으로의 사랑을 위해 부족했던 부분을 보완할 기회이며, 이별을 통해 타인에게 공감할 수 있는 귀중한 자원을 얻게 된다고. 사랑과 이별은 아프지만, 우리를 성장시킨다고.

그 후 내 사랑은 어땠을까? 다시 이별했을까? 맞아. 앞서 한 사랑 얘기처럼 나는 또 사랑하고 이별했어. 다만 조금씩 알았지.

사랑받기 위해 누군가를 만나기보다 사랑하기 위해 누군가를 만나야 한다고. 그러니 나를 먼저 사랑해야 한다고. 사랑에는 무조건 이별이 따라오게 되어 있다고. 이별하게 될 걸 알면서도 사랑하는 거라고.

이 사실을 알기 전에 했던 사랑은 마치 내가 없는 풍경 사진 같았어. 하지만 지금은 달라. 사진 속에 사랑하는 나와 사랑하는 사람이 함께 있어. 내가 존재하는 거야. 상대만큼이나 자신을 사랑하는 내가.

그때 그 사람 더는 미워하지 않아. 그 사람이 있기에 지금의 내가 있는 거니까. 그 사람에게 상처받았기에 지금의 사랑에게 더 잘해줄 수 있으니까. 나 역시 미숙했고 어렸다는 걸 알아. 사랑하고 이별하는 것. 피할 수 없는 삶의 과정이라는 것도. 헤어지면 끝나는 게 아니라 내 삶에, 마음에, 경험에 녹아들어 영원히 존재하리라는 것도.

모든 것은 결과이면서 과정이야.
네가 지금 겪은 이별도, 네가 떠올린 그 사람도.

지금도 시간이 흐르고 있어. 이별과 점점 멀어지고 있어. 네 세상은 이대로 끝나지 않을 거고, 잠을 자고 일어나 밥도 먹을 거야. 정신을 차리면 샤워를 하고 어디든 나가서 책도 읽고 예쁜 풍경을 배경으로 사진도 찍겠지. 점점 그 사람의 흔적은 희미해지고, 살아내면 살아낼수록 그저 삶의 일부가 되겠지. 나를 이루고 있는 수많은 조각 중 하나. 겨우 그 정도였다고 생각하게 될 거야.

고작 하나의 이별.
네 인생에 반짝이는 수많은 별 가운데 하나의 별.

사랑하고 이별하기를 반복하면서 알았어.

사랑받기 위해 누군가를 만나기보다
사랑하기 위해 누군가를 만나야 한다고.
그러니 나를 먼저 사랑해야 한다고.

사랑에는 무조건 이별이 따라오게 되어 있어.
모두 이별하게 될 걸 알면서도 사랑하는 거야.

지금도 시간은 흐르고 있어.
네 세상은 결코 끝나지 않을 거야.

'어차피 다 죽는걸'
염세적인 말도 속삭여보고

너에게 들려주고 싶은 시가 있어.

… (전략)…

그런데 담배 가게 주인이 나타나 문가에 선다.
나는 머리를 반쯤 돌린 불안한 자세로, 또
반쯤 이해된 영혼의 불편한 심기로 그를 바라본다.
그도 죽겠지 그리고 나도 죽겠지.
그는 간판을 남기고 나는 시를 남기겠지.
언젠가 때가 오면 간판도 죽을 것이고 시도 마찬가지.
얼마의 시간이 흐르면 간판이 있던 거리도 죽겠지.
그리고 내가 시를 쓴 언어도.

이 모든 일이 벌어진 회전하는 행성도 죽겠지.
다른 행성들은 다른 행성계에서는 사람 비슷한 무언가가
계속 시 같은 걸 지을 테고 간판 같은 것 아래에 살겠지,
항상 어느 하나가 다른 하나를 마주 보면서,
항상 어느 하나가 다른 하나만큼이나 쓸모없이,
항상 불가능한 현실만큼이나 어리석게,
항상 깊은 신비는 잠든 표면의 신비만큼 확실하게,
항상 이것 또는 저것, 또는 이것도 저것도 아닌.
… (후략)…

－「담배 가게」 중에서, 페르난두 페소아

페르난두 페소아는 내가 좋아하는 포르투갈 시인이야. 페소아를 무척이나 좋아해서 일부러 포르투갈에 간 적도 있어. 한 달 반 동안 리스본에 머물면서 페소아에게 편지를 썼지. 그의 시 중에서는 「담배 가게」를 가장 좋아해. 특히 너에게 들려준 부분을. 이 시를 읽을 때면 세상이 아득해져. 어차피 다 죽을 세상, 지금 이 순간은 아름답게 빛난다는 게.

어차피 다 죽는걸. 이건 내가 자주 하는 말이야. 영화 《돈 룩업》의 한 대사가 떠오르기도 해.

"When we're all 100% for sure gonna fucking die!(우리는 다 100% 죽을 거라고요!)"

영화처럼 지금 당장 지구를 향해 행성이 돌진하고 있는지는 모르지만, 우리가 언젠가 죽을 거라는 건 확신해. 누구도 빠짐없이 죽어. 나도, 너도, 시도, 행성도. 그렇게 보면 내가 습관처럼 하는 '어차피 다 죽는걸'은 틀린 말도 아니지.

하지만 우린 쉽게 잊어버리는 것 같아. 우리가 죽을 거란 걸. 어차피 다 죽는다는 걸. 세상은 하루하루 종말을 향해 가는데 그걸 매 순간 잊으며 사는 것 같아. 물론 매 순간 죽어감을 느끼는 건 매우 피곤하고 힘든 일일 거야. 그래서 내 삶이 힘들었는지도 모르고. 내게 죽음은 매 순간과 같았거든. 아, 나처럼 살 필요는 당연히 없어. 너는 너의 삶을 살아야지.

삶에서 늘 죽음을 느끼든, 잊어버리고 살든 사실 똑같은 일일지도 몰라. 죽는다는 건 공평하니까. 그럼에도 내가 이런 염세적인 말을 자꾸 속삭이는 이유는 네게 묻고 싶기 때문이야.

우리는 죽어. 다 죽어.
그러니까, 너는, 지금 무엇을 하고 싶어?

매일 내게 물었어. 죽음이 내 앞에 있는 지금, 무얼 하고 싶냐고. 진정으로 원하는 것이 무엇이냐고. 두려워하는 것은? 하지 못한 것은? 꼬리에 꼬리를 무는 생각의 마지막엔 다시 물었지. 지금 죽게 생겼는데, 그게 못 할 일이야? 어… 어엇! 그 물음을 마지막으로 던지고 나면 말문이 막히더라. 그러게. 이게 못 할 일인가? 그리고 그 답은 늘 같았어.

"지금 해도 돼. 지금 해야 해."

시간은 계속 앞으로 나아가. 그 안에서 내게 주어진 것은 지금뿐이야. 미래의 모습은 아무도 예측할 수 없어. 언제 죽을지 아무도 모르는 것처럼. 분명한 건 노력하지 않아도 죽음은 찾아올 것이고, 매일 살아간다는 건 매일 죽어간다는 얘기이기도 해. 이렇게 미래는 어찌 될지 모르고, 죽음은 점점 찾아오는데 무엇을 할 수 있을까? 아니 반대로 무엇을 할 수 없을까? 다시 물어보고 싶어.

"너는 지금 무엇을 하고 싶어?"

만약 하고 싶은 일을 망설이고 있다면, 불안한 미래에 초조해하고 있다면 한번 속삭여봐. 어차피 다 죽는걸. 뭘 하든 죽는걸. 염세적이라 해도 괜찮아. 어두워도 괜찮아. 때로는 그런 것들이 삶을 아름답게 만들어주니까. 세상에 필요하기 때문에 존재하는 것일 테니까.

그러니 네가 스스로에게 용기를 줬으면 좋겠어.

이런 염세적인 말이라도 속삭여보며.

어디에서나
당당하게 나를 믿으며

글쓰기 수업을 하다 보면 다양한 사람을 만나.

나보다 한참 어린 친구들부터 곱절의 인생을 살아오신 분까지. 성별과 나이에 상관없이 처음 보는 사람들끼리 이야기를 나누고 그간 써온 글을 나눠 읽지. 그럴 때마다 나는 느껴. 세상에는 정말 사람 수만큼이나 다양한 이야기가 존재한다고. 살아온 시간만큼 긴 스토리가 존재한다고.

그런데 글쓰기 수업에 참가하는 사람들에겐 신기한 공통점이 있어. 자신의 글을 보여주기 부끄러워한다는 거야. '글 좀 볼 수 있을까요?' 하고 물으면 어색한 몸짓을 하며 꼼지락거리지. '그냥 쓴 건데…'라는 말을 덧붙이기도 하고, 제목이 안 보이게 뒤집어서 주기도 해. 어차피 보게 될 걸 알면서도(웃음). 나는 받는 순간 그 자리에서 바로 글을 읽기 시작하는데, 그때마다 조마조마한 심정으로 나를 쳐다보는 사람들의 눈빛을 느껴. 걱정과 설렘이 섞인 그 눈빛을.

나도 그런 순간이 있었어. 첫 책이 나왔을 때였지.

사실 나는 작가의 삶을 꿈꾼 적이 없었어. 오랫동안 좋아했던 음악 일을 하고 싶었지. 하지만 정신병원 입원이 잦아지면서 더는 일할 수가 없게 됐어. 백수가 돼버린 거야. 그런데 무슨 일인지 아무 생각 없이 투고한 일기가 덜컥 책이 됐어. 지금 글쓰기 수업에서 웬만하면 일기를 써오지 말라고 당부하는데, 정작 나는 정신병원에서 쓴 일기로 작가가 됐지.

처음에는 부끄러웠어. 내 글이 세상에 나오는 게. 내가 글을 쓴다는 게. 사람들이 그 글을 읽는다는 게. 처음 '작가님' 소리를 들었을 때는 몸이 배배 꼬이더라. 독자분이 책 잘 읽었다면서 친근하게 다가올 땐 벽에 머리라도 박고 싶은 심정이었지. 그래서 어떻게 작가가 됐냐고 다른 사람이 물으면 항상 '운이 좋았어요' 하고 말했어. 나는 부족한 사람이기 때문에 더욱 겸손해야 한다고 생각했지.

그런데 어느 출판사 관계자분이 내게 이렇게 얘기하더라.

"작가님, 운이라고 하면 안 돼요. 운이라면, 앞으로도 운에 기대야 할 테니까요. 작가님이 능력이 있어서 작가가 된 거예요. 그건 작가님을 좋아하고 믿는 사람들에게도 실례인 말이에요."

그때 나는 진짜 머리를 한 대 얻어맞은 기분이었어. 난 잘하는 게 없는 사람이라고 생각했는데, 특히 글쓰기에는 전혀 소질이 없다고 생각했는데, 그게 누군가에겐 실례가 될 수 있다는 걸 몰랐던 거지. 나를 사랑해주는 이들의 마음을, 나를 인정하는 이들의 마음을 무시하는 일이 될 수도 있다는 걸.

나를 믿지 못하더라도
그들의 마음은 믿어야 했던 거야.
내 글을 읽어주고 자신의 얘길 꺼내오던
그 용감한 사람들을.

나는 그들을 믿었어. 그리고 그들이 믿는 나를 믿었어. 계속 글을 쓰고 계속 책을 냈어. 오 년의 시간이 흘렀지. 그렇게 작가라는 말은 내게 조금은 익숙한 칭호가 됐어.
요즘엔 출판되지 않는 글을 종종 사람들에게 보여주기도

해. 글을 더 잘 쓰게 되었다기보다는 부족함을 인정하는 일에 익숙해졌지. 부족한 것을 보여주는 일이 부끄럽지 않은 거야. 나중에는 이런 얘길 듣기도 했어.

"언니는 단단한 사람인 것 같아. 상처받지 않은 사람이 아니라, 상처받았음에도 사랑받을 줄 아는 사람. 잔뜩 밟혀서 단단하게 굳어진 땅 같아. 늘 당당하게 자기 얘길 하잖아."

생각했지. 나는 이제 단단한 사람이 되었구나. 단단한 사람처럼 보이는구나. 늘 자신의 얘길 선뜻 꺼내고 쉽게 흔들리지 않는 사람. 어쩌다 이런 사람이 되었나 싶기도 했어. 나는 무척 연약했으니까. 그래서 수줍게 웃으며 대답했지.

"숨길 수가 없어. 조금만 검색해봐도 내 이야기가 쭉 나와버리거든. 숨길 필요가 없어진 거지. 그래서인가, 이젠 얘기할 때 나를 그냥 내려놓게 돼."

실제로 인터넷에 나와 관련된 키워드를 검색하면 어렵지 않게 내 이야기를 찾아볼 수 있어. 인터뷰 자료도 있고, 동영상 강연 자료도 있지. 누구든 나를 조금이라도 궁금해하면 내 이야기를 들을 수 있는 거야. 그래서 나는 더 이상 숨길 수 없었어. 당당해질 수밖에 없었어. 숨기고 싶은 말도, 경험도 모두 밝혀버렸으니까. 나는 이제 당당하지 않으면 살아갈 수 없는 사람이 되었지. 물론 누군가를 탓하진 않아. 내가 선택한 일이니까.

어디서든 당당하다는 건
내가 완벽한 사람이라서가 아니야.
부족하다는 걸 알면서도
보여줄 수 있는 용기가 있기 때문이야.

지금 나는 어떻게 작가가 되었냐는 말에 이렇게 답해.
"글을 썼고, 누군가에게 보여줄 용기가 있었던 거겠죠?"

네가 작가가 아니더라도, 글을 쓰지 않더라도 괜찮아. 당당히 자신을 보여줄 수만 있다면 무엇이든 해낼 수 있는 사람이 될 테니까. 나를 믿을 수 없다면 날 믿어주는 사람을 믿어. 그리고 다시 날 믿어. 그 마음으로 어디서든 당당하게 행동하는 거야. 부족해도 괜찮다고. 보여줄 수 있다고.

나는, 너를 믿어.
그들이 나를 믿어줬던 것처럼.

"언니는 단단한 사람인 것 같아.
상처받지 않은 사람이 아니라,
상처받았음에도 사랑받을 줄 아는 사람.
잔뜩 밟혀서 단단하게 굳어진 땅 같아.
늘 당당하게 자기 얘길 하잖아."

아니야.
그저 부족함을 드러내는 일에 익숙해진 거야.
부족한 것을 보여주는 일에.

받은 기쁨만큼
주는 기쁨도 누리며

직설적으로 말하자면,
나는 행복한 사회부적응자야.

 사람을 만나거나 공동체에 속하는 일에 별로 관심이 없지. 대학은 물론 안 다녀봤고, 고등학교도 일찍 그만뒀어. 성인이 된 뒤에 일 년 교육과정의 인문학 학교를 다녀봤지만, 석 달을 넘기지 못했어. 심지어 폐쇄병동에 입원했을 때도 사람들과 잘 어울리지 않았어. 물론 사회생활을 하긴 하는데… 돈을 벌기 위해 형성된 생존형 사회성이랄까. 요즘엔 주로 혼자 글을 쓰면서 하루를 보내.
 그런 내가 함께 살아갈 동료를 구해보라는 말, 꺼내기 참

낯부끄러워. 누구보다도 사람과 얽히길 싫어하는 내가 인간관계를 얘기하다니. 참 앞뒤가 안 맞지. 그럼에도 내가 이 얘길 꺼낸 건 이제야 비로소 타인을 받아들이기 시작했기 때문이야. 단순한 관계 맺기를 넘어 교류하는 일. 그동안 전혀 하지 않았던 일.

    나는 뒤늦게 세상을 배우고 있어.

    그동안 나는 내가 타인을 이해할 순 있어도 타인에게 내가 이해받을 수 있을 거라고는 기대하지 않았어. 내가 하는 일들은 모두 혼자 할 수 있는 일이었고, 혼자 해야만 하는 일이었지. 사람에게 왜 사람이 필요한지 알 수 없었어.

    나는 마음의 벽이 매우 높고 견고했어. 응급실에서 눈을 떴을 때, 내 곁에서 눈물 흘리는 가족을 이해할 수 없을 정도였지. 아픈 건 난데 왜 저 사람들이 우는 걸까. 나도 울지 않는 일에 왜 저 사람들은 눈물을 흘릴까. 도대체 무슨 마음일까. 고장 난 로봇처럼 다른 사람의 심리를 전혀 이해할 수 없었어.

    따지고 보면 나는 다른 사람의 일에 잘 눈물 흘리지 않았던 것 같아. 이미 내 세상을 차지한 슬픔이 너무 거대해서 다른 사람을 받아들일 틈이 없었지. 누군가 힘든 얘길 하면 진심으로 공감했지만, 함께 울진 못했어. 슬픔은 그 사람의 것이니까. 내 것은 아니니까. 슬픔은 그 사람의 몫이니 건들지 않는 게 맞다고 생각했어.

내 건 내 거. 네 건 네 거.

어쩌면 나를 지키기 위한 수단이었을지도 몰라.

"수연이는 참 좋은 일 하네."

거의 십 년만에 만난 학교 친구가 내게 말하더라. 정신질환 인식개선 강연을 한다는 말에 대한 반응이었지. 그런데 나는 그 말을 듣는 순간 당황했어. 뭐가 좋은 일이라는 거지? 내가 왜 좋은 일을 한다고 생각하지? 나는 고개를 흔들며 말했어.

"그냥 내가 힘든 시간을 겪었으니까, 그런 경험을 다른 사람이 하지 않았으면 하는 것뿐이야. 내가 한 마디 말하고 수 마디 들어주면 그 사람들은 나처럼 되지 않을 거 같아서. 그것뿐이야."

"그게 좋은 일이라는 거야."

그게 어째서 좋은 일일까. 나는 단지 사람들이 나처럼 아픔을 겪지 않았으면 하는 마음의 목소리를 따랐을 뿐인데.

나라를 구하거나 세계 평화를 외친 것도 아닌데. 사회에 이바지해야겠다는 거창한 사명감이나 책임감도 없는데. 그저 나를 위한 일일 뿐인데. 어쩌다… 그러다 깨달았어. 내 말속에 '다른 사람'이 있다는 걸. 나도 모르게 '다른 사람'을 위한 마음을 품고 있다는 걸.

그렇다면 사람은 왜 사람을 필요로 할까. 세계 평화를 외치지도 않고 세상에 대한 어떤 사명감도 없는 나 같은 사람조차, 왜 다른 사람에게 무언가를 주려고 하는 걸까. 누가 내게 시킨 것도 아니고 그래야 할 의무도 없는데, 자연스럽게 드는 이 마음은 뭘까. 한참을 고민한 뒤에야 답을 찾았어.

'타인에게 무언가를 주는 것도
인간이 느낄 수 있는 기쁨 중 하나다.'

사회적인 영향력이나 대외적인 이미지를 고려해서 움직이는 사람도 분명 있을 거야. 그러나 나 같은 행복한 사회부적응자는 그런 시선이나 계산에 능숙하지 않아. 인간을 사회적 관점이 아닌 동물적 관점에서 바라볼 뿐이지. 그냥 좋은 거야. 어떤 존재든 아프지 않았으면 하는 마음으로 내가 가진 약소한 것을 나누는 게. 그리고 이건 다른 사람이 존재하기 때문에 느낄 수 있는 기쁨이야. 혼자서는 절대 느낄 수 없는 감정이지.

 마음을 나눌 동료를 구하라는 흔한 말. 너무 혼자 살지 말고 다 같이 살자. 뭐, 그렇게 볼 수도 있어. 하지만 정확히 말하자면 '주는 기쁨도 누리며 살자'는 얘기에 가까워. 사람으로 태어나서 누릴 수 있는 수많은 기쁨 중엔 타인에게 주는 기쁨도 있으니까, 그 기쁨을 누리기 위해 다른 사람과 한 번쯤 함께 살아보자고. 안 그래도 팍팍한 세상인데, 조금이라도 기쁜 일이 생긴다면 더 좋지 않을까.

 아, 어쩌면 너는 이미 아는 얘기일 수도 있겠다. 내가 너무 늦게 알아버려서 그런 거니 너그러운 마음으로 이해해주면 고맙겠어(웃음).

시간은 되돌릴 수 없다는 걸
기억하며

난 이과 체질이 아니라서,
이 이야기를 과학적으로는 설명할 수 없어.

그러나 오늘 네게 하려는 얘기는 과학에 대한 상식이 없어도 충분히 공감할 수 있는 내용이야. 우리가 블랙홀에 빨려 들어가는 일은 아마 이번 생에 일어나지 않을 테니. 도대체 무슨 얘기를 하려는 거냐고? 시간. 시간에 관한 이야기야. 우리가 매 순간 살아내야 하는 것에 관한 이야기.

어떤 사람의 이야기를 전해 들은 적 있어. 사십 대 중반 남성분이었는데, 자신이 하는 일을 무척 사랑하는 사람이었지. 그분이 어쩌다 지인에게 내 얘기를 듣고(글쓰기를 좋아한다고 해서 주변에 작가가 있다고 했나 봐) 자신의 인생에 대해 얘기했대. 그 얘기를 지인이 내게 다시 들려준 거지.

"네 이야길 하니까 그분이 말하더라. 자신은 매일 눈을 떴을 때가 새해고, 눈을 감을 때가 마지막 날이라고. 그 말이 인상 깊어서 네게 전해줘야겠다고 생각했어."

"저런… 그분의 삶이 어땠는지는 몰라도, 힘든 삶을 살았을 것 같네."

나는 씁쓸한 미소를 지었어. 언젠가 나도 비슷한 말을 한 적이 있었거든. 그 말을 하기까지 정말 긴 시간 혼자 힘들어했고. 그분이 한 말은 삶을 의심하지 않으면, 죽음 앞에 서보지 않으면 꺼낼 수 없는 얘기였지.

지인은 말없이 고개를 끄덕인 다음, 다소 무거운 목소리로 말했어.

"맞아. 자신의 삶은 죽고 싶은 일투성이였대. 어쩐지 너와 닮아 보여서, 네 얘길 꺼내게 되더라."

그분은 언젠가 날 한번 만나고 싶다고 했대. 아쉽게도 지금까지 만나지는 못했지만, 말로 설명할 수 없는 그 유대감은 여전히 느끼고 있어. 한 번도 못 본 사람인데, 대화조차 나눠본 적 없는데, 그저 얘기를 전해 들었을 뿐인데… 이상한 일이지. 그런데도 어쩐지 나, 그분의 마음을 알 것 같더라.

시간은 되돌릴 수 없다는 사실을, 그렇기에 지금을 새롭게 살아가야 한다는 사실을 뼈아프게 깨달았을 때가 떠올랐거든.

후회. 내가 자주 말했지. 나는 후회하지 않는다고. 그 무엇이라도 후회하는 법이 없다고. 사실 그렇게 말할 수 있는 건 내 삶 자체가 후회였기 때문이야. 너무나 후회가 많아서, 살아가는 매일이 후회투성이여서 견딜 수가 없었지. 어느 날의 일기엔 이렇게 적혀 있었어.

어제 죽지 않았다는 것이 후회되는 오늘.
내일이 되면 오늘 죽지 않은 나를 또 후회할까?

후회 속에서 수없이 지나간 날들을 떠올렸어. 내가 했던 말을 주워 담을 수 있다면, 되돌아갈 수 있다면, 시간을 돌릴 수만 있다면, 다시 한번 더… 그러나 그 후회 속에서도 시간은 속절없이 흘렀지. 시간은 오로지 앞을 향해 나아갈 뿐 절대로 뒤를 돌아보지 않았어. 아무리 처절하게 후회하고 간절하게 부탁해도.

내가 겪은 일들, 내가 선택해온 것들, 반성하고 후회해도 아무것도 달라지지 않았어. 오히려 그런 것들에 붙잡혀 있는 난 그 순간에도 후회할 과거를 잔뜩 만들어 나가고 있었지. 무기력했어. 절대 아무것도 바뀌지 않는다는 사실이. 아무리 애를 써도 이미 벌어진 일들을 지울 수 없다는 사실이. 한동안은 그게 너무나 처참해서 아무것도 하지 못했어. 돌이킬 수 없는 과거를 짊어지고 어떻게 살아야 할지 몰랐던 거야.

그렇게 하루하루를 버티던 어느 날, 눈을 감고 생각했어. 이 무기력한 세상에서 내가 할 수 있는 건 무엇일까. 나는 어떻게 해야 할까. 견디기 힘든 과거의 기억에 빠져 습관처럼 숨 쉬며 살고 있는 나는.

과거만 바라보던 마음이 뒤로 돌아서자 오늘이 보이더라. 생각했어. 바꿀 수 있는 것은 현재밖에 없다고. 지금이 아니면 내게 주어진 기회가 없다고. 그래서 과거를 버렸어. 후회를 버렸어. 너에게 편지를 쓰는 지금도 시간은 앞을 향해 나아가니까.

"시간은 되돌릴 수 없어."

나는 지금도 주문처럼 외워. 때로는 세상에 소리치기도 해. 아무리 노력해도 안 되는 게 있는 거라고. 시간을 되돌리는 것도 그런 거라고. 그럼에도 후회되고 아쉬운 게 있다면 지금 해버리자고. 지금을 과거로 남기지 말고 미래로 이어가자고. 무기력함에서 피어난 희망이랄까. 하지만 그때는 희망이라고 생각하지 않았어. 그저 어쩔 수 없는 사실을 인정하는 것, 그 이상도 이하도 아니었지.

그분도 알았던 거야. 뼈아프게 후회해본 거야. 간절하게 되돌리고 싶었던 거야. 그럼에도 그럴 수 없다는 걸 알아버려선 현재를 살 수밖에 없었던 거야. 그렇게라도 하지 않으면 도저히 살아갈 수 없어서, 버틸 수 없어서. 선택의 문제가 아니었겠지. 생존, 살아감, 그 자체였을 거야.

있잖아. 후회로 가득한 네 얘기를 들을 때마다 나도 간절한 마음을 품게 돼. 시간을 되돌릴 수 있다면 얼마나 좋을까. 돌아가서 잘못된 일을 바로잡을 수 있다면. 하지만 나는 말해. 우리는 시간을 되돌릴 수 없다고. 내 말에 고개 숙이는 널 볼 때마다 어찌나 마음이 아린지… 그 무력함을 떠올리는 것만으로도 어찌나 서글퍼지는지… 나는 그 사실을 알면서도 네 손을 붙잡고 얘기해.

살아야 하니까. 삶은 이어져야 하니까.

"시간은 지금도 앞을 향해 나아가고 있어.
앞으로도 계속 그럴 거야.
어쩔 수 없이 우리가 해야 할 일인 거야.
앞으로, 나아가는 일."

"시간은 되돌릴 수 없어."

나는 지금도 주문처럼 외워.
때로는 세상에 소리치기도 해.
아무리 노력해도 안 되는 게 있는 거라고.

그러니까 우리,
후회되고 아쉬운 게 있다면 지금 해버리자.
지금을 과거로 남기지 말고 미래로 이어가자.

살아야 하니까.
삶은 이어져야 하니까.

이유 없이 피는
장미처럼

너는 지금 무얼 찾고 있을까.
너의 눈으로 본 세상은 어떨까.
너는 무얼 위해 살고 있는 걸까.

철학자 하이데거의 책 『근거율』에는 시인 안겔루스 질레지우스의 시가 나와. 언젠가 한번 너에게 꼭 이 시를 들려주고 싶었어.

장미는 이유 없이 존재한다.
그것은 피기 때문에 필 뿐이다.
장미는 그 자신에도 관심이 없고

사람들이 자신을 보는지도 묻지 않는다.

-「장미」, 안겔루스 질레지우스

　신비주의니 뭐니 얘기하지만, 그런 것들을 따지지 않더라도 이 시는 충분히 아름다워. 이유 없이 존재하며 그저 피기 때문에 피는 장미. 타인의 시선에는 관심도 없고 묻지도 않는 장미. 존재하는 것이 이토록 아름다울 수 있다는 걸 이 시를 통해 알 수 있어.

　내 눈에도 너의 모습이 보여. 너의 얼굴선, 눈과 입, 코와 귀. 머리카락 한 올 한 올. 나는 그냥 너를 '바라보고' 있어. 이유 없이 피는 장미처럼. 피기 때문에 피는 꽃처럼. 너의 존재 이유 같은 건 생각하지 않아. 이유 없이 존재할 수 있으니까. 이유 같은 거, 없을지도 모르니까. 어느 노래 가사처럼 너는 장미같이 아름다워. 충분히. 아무것도 물어볼 필요 없을 만큼.

　그런데도 너는 내게 묻더라. 왜 살아야 하는 건지. 네가 왜 존재해야 하는 건지. 나는 대답 대신 시를 보내. 내 눈에 비친 네 모습이 너에게도 닿길 바라면서.

살아야 하는 이유를 필사적으로 긁어모을 때가 있었어. 가장 행복해야 할 때 행복하지 않았거든. 사랑하는 사람과 결혼하면 행복할 줄 알았는데, 가족이 생기면 달라질 줄 알았는데, 이제는 행복해야 한다고 생각했는데… 행복하지 않았어.

도리어 아팠어. 죽을 듯이 아파선 도망치고 싶었어. 무서웠어. 행복이라는 게 실은 존재하지 않는 것일까 봐. 겨우 내 곁에 있는 사람을 잃을까 봐. 살아야 하는 이유가 떠오르지 않았어. 날 사랑해주는 사람을 만나도 행복하지 않은 나 자신이, 어떻게 살아야 하는지 알지 못했어.

돈, 사랑, 사람. 도저히 채울 수 없는 공허함을 견디지 못하고 어떻게든 살아갈 이유를 찾으려 했어. 누군가의 가족이니까. 친구니까. 일을 해야 하니까. 하고 싶은 일이 있으니까. 의미 있다고 생각되는 것들을 잔뜩 나열해보았지.

하지만 공허함은 사라지지 않았어. 가족이 이유라면 가족이 없으면 살아야 할 이유가 사라지고, 사랑이 이유라면 사랑받지 못하면 죽는 것과 같았지. 일을 좋아하는 것도 마찬가지였어. 일할 수 없을 땐 죽고 싶은 마음이 들었거든. 살아야 할 이유가 사라진 거니까. 진실한 것에 가까워지려 할수록 삶에서 멀어지는 느낌이었어. 그것들이 없으면 나, 죽는 게 낫나? 살아야 할 가치도 없는 인간일까? 내게 아무것도 주어지지 않는다면, 존재할 필요가 없는 건가? 뭐 하나라도 잃을까 봐 평생 두려워해야 하나? 죽을 만큼?

그때 이 시를 봤어. 이유 없이 존재하는 장미를. 그리고 세상을 둘러보았지. 가을에서 겨울로 넘어가는 언저리의 풍경. 아스팔트 위를 뒹구는 무수한 낙엽. 겨울의 향이 은은하게 섞인 사늘한 바람. 파랗고 높은 하늘. 이것들이 존재하는데 이유가 필요할까. 누군가 자기를 보아주기 바라며 존재하는 걸까.

아니. 아니었어. 이것들 모두 내가 죽더라도 그대로 존재할 것들이었지. 자신의 이유를 묻지 않고 존재하기 때문에 존재하는 것.

시선을 두 손으로 옮겼어. 천천히 움직여도 보고 손바닥을 비벼보기도 했어. 이 자연 속에 있는 나 자신을 느끼며. 그 속에 함께 존재하는 날 느끼며. 낙엽도, 바람도, 하늘도 내가 왜 존재해야 하는지 묻지 않았어. 내가 존재해야 할 이유를 묻는 것은 나 자신밖에 없었지.

그제야 알게 된 거야.
아무 이유 없어도 존재할 수 있다는 걸.
존재하는 것만으로도 충분히 살아갈 이유가 된다는 걸.

"그냥, 살아."

너에게 하는 말이지만 나에게 하는 말이기도 했어. 먹어야 하니까 먹고, 잠들어야 하니까 자고, 움직여야 하니까 움직이는 것. 그렇게 자신의 존재를 받아들이자. 존재하기만 해도 충분하다고 생각하자. 실제로 난 네가 존재하는 것만으로도 기뻤으니까. 나 역시 존재하는 것만으로도 누군가에게 기쁨이 되고 있을 테니까. 존재, 그 자체는 의심하거나 잃어버릴 수 있는 게 아니니까.

오늘만큼은 너도 존재했다는 사실에 만족하고 편안하게 잠들길 바라.

그 누구도
내게 상처줄 수 없다고 다짐하며

냉장고에서 시원한 캔맥주를 꺼내
너에게 건네고 싶어.

꼭 하고 싶은 얘기가 있는데 그냥 하기엔 어색해서, 괜찮다면 더 깊은 얘길 나누고 싶어서 술기운이라도 빌려보려는 거지. 시원한 맥주가 목구멍을 지나는 순간 우리는 긴장이 풀리는 걸 느껴. 그렇게 우리의 대화는 점점 더 깊은 곳으로 가라앉아.

"상처받지 않는 사람이 있을까?"

너에게 슬쩍 물어봐. 네 상처가 아무것도 아니라고 말하려는 게 아니야. 누구의 상처가 더 크다고 비교하고 싶은 것도 아니고. 각자의 상처는 각자에게 가장 아픈 거니까. 나는 나만큼의 상처가, 너는 너만큼의 상처가 있겠지. 다만 우리가 아닌 다른 이들도 상처를 갖고 산다는 걸 말하고 싶어. 그래서 그 상처를 아무것도 아닌 것처럼 받아들이는 게 덜 아프다는 걸 얘기하고 싶어. 나도 상처받은 사람이니까.

누가 나한테 말하더라.

"수연 씨는 쉽게 상처받지 않을 것 같아요."

그 얘길 들었을 때 나는 씁쓸하게 웃었던 것 같아. 상처받아왔던 날들이 모래바람처럼 스쳐 지나갔거든. 하지만 나는 눈을 감지도, 피하지도 않았어. 따갑게 살을 파고드는 모래바람 속에 가만히 서 있었지. 피하고 싶지 않았어. 두려워하고 싶지 않았어. 내가 겪어야 하는 일이라면 겪어내기로 했어. 그래서 나, 쉽게 상처받지 않는 사람처럼 보였던 걸까.

다시 우리가 앉은 자리를 돌아봐. 맥주캔을 타고 물방울이 흘러내려. 너는 너의 상처를 떠올리고 있겠지. 지금 내가 그러하듯. 우리 사이엔 정적이 맴돌아. 가끔 너의 눈이 글썽

거리기도 해. 마음이 찢어지는 것 같아. 나는 말해. 잔뜩 상처받은 마음으로, 잔뜩 상처받은 너에게.

"그 누구도 너를 상처줄 수 없어.
그게 설령 네 자신이라 해도."

단호하게, 아주 단호하게 말했지. 냉정한 목소리로 딱 부러지게. 너는 조금 놀란 듯 나를 바라봐. 이렇게 얘기하는 일 없었으니까. 그래도 알려주고 싶었어. 누구도 너를 상처줄 수 없다고. 나도. 사랑하는 이도. 너 자신도. 그 누구도. 나는 다시 부드럽게 말해.

"나는 말이야, 너무 많이 상처받아서 상처받는 거 상관없다고도 생각했어. 수많은 상처 위에 상처 하나 더 생겨도 어차피 티도 안 날 테니까. 그래서 상처받는 것을 알면서도 나를 보호하지 않았어. 나를 내몰았어. 끝까지. 저 끝까지. 내가 사라질 정도로. 그런데 그 끝에서 알게 된 게 있어."

나는 숨을 작게 고르고 말을 이어.

"내가 아무리 상처받아도 아무도 책임지지 않아. 누구에게도 이 마음을 떠넘길 수 없지. 상처받는 거, 오롯이 내 몫인 거야. 내가 책임져야 하는 거야. 아무도 날 봐주지 않고 알아주지도 않아. 날 보호할 사람은 나밖에 없다는 거야. 세상에 단 하나. 나. 사람에게 상처받은 거, 나에게 상처받은 거. 실은 내가 나를 지키지 못했던 거야."

외롭고도 잔인한 말이었지. 자신이 아닌 다른 누구도 탓할 수 없었으니까. 하지만 그렇기에 나는 말할 수 있어. 그러니 네가 너를 지키고자 마음먹으면 그 누구도 너를 상처줄 수 없다고. 이기적이든 아니든 상관없이 나를 지켜내기만 하면 된다고.

너무 외로울 땐 우리 같이 손을 잡고 얘기하자. 누구도 나를, 그리고 너를 상처줄 수 없다고. 내가 날 상처주려 할 때도 마찬가지야. 나조차 날 상처줄 수 없다고 단호하게 말하자.

너를 지킬 수 있는 사람은 너뿐이야.
우리는 자신만 지키면 되는 거야.
그러니까 단호하게 말해봐.

*"누구도 날 상처줄 수 없어.
설령 그게 나 자신이라도."*

5장

살았으면 좋겠습니다

나의 장례식과
남겨질 유서를 생각하며

살다 보면 장례식에 갈 일이 점점 늘어나.

어떨 때는 놀란 마음으로 장례식장을 찾기도 하지만, 어떨 때는 이상하리만치 마음이 푹 가라앉기도 해. 그런데 잘 울지는 않는 편이야. 아무래도 죽음을 가까이에 두고 살았던 영향인 것 같아. 마음은 슬픈데, 겉으로는 잘 드러나지 않는달까.

때론 죽음보다도 죽음을 둘러싼 주변 환경에 더 눈길이 가기도 해. 나보다 한 살 위였던 지인의 장례식장을 찾았을 때였어. 산 사람 소식보다는 죽은 사람 소식이 빠른 법이라 금방 부고를 받았어. 꽤 먼 거리였지만 머뭇거리지 않고 장례식장으로 향했지. 이번이 아니면 영영 볼 수 없을 테니까.

그런데 도착해서 가장 먼저 눈에 띈 것은 병원이 아닌 사설 장례식장 간판이었어. 병원을 찾을 새도 없이 떠난 건가 싶었지. 부조를 하기 전, 또다시 눈에 띈 게 있었어. 장례식 진행 비용에 관한 안내판이었지. 꽃은 얼마, 떡은 얼마, 국은 얼마, 참 자세하게도 가격이 적혀 있더라. 나는 그 안내판을 보며 생각했어. 내가 죽으면 국은 뭘로 해야 되나.

장례식장 찾는 사람 모두 그분의 죽음을 예상하지 못했는지, 오자마자 쓰러지듯 울더라. 가족들도 빈소를 지키지 않았어. 갑작스러운 죽음을 두고 두런두런 얘기하는 문상객들만 보였지.

나는 조용히 국에 밥을 말아 먹었어. 사실 죽은 이유는 중요하지 않았어. 지금 이 자리에 그분은 없고, 나는 있다는 게 중요했지. 어떤 이유로 더 슬퍼하거나 덜 슬퍼하고 싶지도 않았고.

"내가… 먼저 갈 줄 알았는데…"

기차를 타고 돌아오는 길에 아주 작게 속삭였어. 피곤에 지친 사람들 사이로 정적이 맴돌았지. 창밖으로 어둠이 빠르게 스쳐 지나갔어. 얼마나 달렸을까. 서울과 가까워질수록 창밖은 밝아졌고, 이내 온갖 빛이 기차 안으로 쏟아졌어.

내가 있어야 할 곳으로 돌아온 거야. 어두웠던 그곳과 달리 내가 사는 이 세상으로.

그로부터 며칠 뒤 우연히 예전에 읽었던 책을 다시 꺼내 들었어. 소설 집필에 필요한 아이디어를 얻기 위해 꺼낸 책이었는데, 그 첫 번째 장에 수년 전 내가 써놓은 유서가 있더라. 도대체 이런 건 언제 써놓은 거지… 새카맣게 잊고 있었는데. 호기심에 유서를 살펴보았어. 유서에는 '내가 죽으면 이 책이 남은 이에게 위로가 되길 바란다'라고 쓰여 있었지. 고작 이 정도면 충분했던 걸까.

책상 서랍에 유서를 넣어두고 책을 다시 천천히 읽었어. 그 책은 자살로 죽은 한 사람을 이해하기 위해 주변이 노력하고 애쓰는 모습을 그리고 있었지. 책 말미에는 죽은 이의 유서도 고스란히 담겨 있었어. 괴롭다. 힘들다. 죽고 싶다. 절망적인 말로 가득한 그 유서를 읽다 보니 차라리 죽는 게 나을지도 모르겠다는 생각이 들었지.

그때의 나도 그랬던 걸까.
책의 주인공만큼 괴로워서, 세상이 잔인해서…
그때의 나는 그걸 바랐던 걸까.

책장을 덮는데 이상하게도 장례식 비용이 적힌 안내판이 생각나더라. 내가 죽으면 관은 어떤 걸로 해야 할지, 꽃은 뭘로 할지, 남겨진 가족들은 아마 국 종류까지도 고민하고 결정해야겠지. 이건 이거, 저건 저거. 가족이 죽었는데 그런 것까지 하나하나 머리를 맞대고 정해야겠지. 떠난 사람이 다시 일어나 정해줄 수는 없는 노릇이니까.

  한참을 가만히 앉아있다가 왜 유서를 보고 그날의 장례식장이 떠올랐는지 깨달았어. 그건 남겨진 이들을 향한 마음 때문이었어. 내 죽음 이후 남겨질 이들이 선택해야 하는 많은 것들이 번거롭지 않았으면 하는 마음. 예를 들어 국은 육개장으로 하고 떡은 절편으로 하자는, 죽은 뒤에는 아무리 소리쳐도 산 사람에게 닿지 않을 얘기들. 나도 모르게 남겨질 이들을 생각했던 거야. 나 없이도 살아갈 사람들을. 나 또한 남겨진 사람 중 한 명이기도 했지.

  그러니까 더 살아야 돼, 잘 살아야 돼, 이런 말을 하고 싶은 건 아냐. 고작 저런 이유로 살고 죽는 것도 이상한 일이잖아. 다만 마음에 조금의 여유라도 생긴다면, 숨을 푹 몰아쉬다가 하늘을 올려다봤을 때 하늘이 예쁘다는 생각이 들 정도가 된다면, 내 장례식과 유서를 생각해보는 것도 좋을 것 같아. 남겨진 사람에게 무엇을 주고 싶은지, 남겨진 사람을 위해 지금 나는 어떤 걸 해야 하는지.

그러면 죽음이 혼자만의 일은 아니라는 걸 알게 될지도 몰라.

조금의 위로. 조금의 배려.
최소한 나는 그런 것을 남기고 싶어.
죽은 사람의 괴로움을 토로하는 책이 아니라
남은 사람을 배려하는 다정한 마음을.

아침에는
죽음을 생각해보며

아침만큼 죽음을 생각하기 좋은 때가 있을까.

눈을 딱 뜨는 순간, 죽음을 떠올리는 거야. 오늘도 살아있구나! 그러니까 오늘 죽을 수도 있겠구나! 이상한 이야기인가? 살아있기에 죽을 수 있다는 것이. 그러나 이미 죽었다면 또다시 죽음을 맞이할 순 없을 테니 그다지 이상한 얘긴 아닐지도 몰라.

나는 매일 잠에 들 때면 죽는 것 같아. 평온하고 자연스러운 죽음을 맞이하는 느낌이지. 그리고 아침에 눈을 뜨면 다시 태어난 기분을 느껴. 어제와 완전히 다른 삶의 시작. 그래서 잠드는 일은 내게 도피처이자 두려움의 대상이었지.

진짜 죽음이 눈앞까지 왔을 때를 기억해. 이십 대 중반이었어. 그 전날엔 방에서 번개탄을 피웠는데, 잠들기도 전에 연기가 가득 찼지. 죽기 전에 신고부터 당할 것 같더라. 냄새가 어마어마했거든. 하여튼 이 방법은 어렵겠다 싶어 포기하고 다음 날을 기다렸어.

이번엔 다른 방법을 시도했어. 목을 맸는데 끈을 묶은 것까지는 기억나. 그 이후 어떻게 됐냐고? 일단 이렇게 글을 쓰고 있으니 살아는 있는 거겠지? 끈을 매단 행거가 무너졌어. 눈을 뜨니까 옷은 여기저기 널브러져 있고 거울 속 내 얼굴은 까맣게 변해 있었지. 무너지지 않았다면, 그대로 죽었을 거라 했어.

번쩍 눈을 뜨고 기억을 천천히 되짚어봤지만, 기억나는 게 하나도 없었어. 내가 어떻게 끈에 매달렸고, 언제 기억이 끊겼는지도. 주치의는 심리적 충격에 의한 단기기억상실이라 말했지. 죽는 순간 너무 큰 충격을 받아 기억 속에서 지운 거라 했어.

그때 알았지. 진짜 죽음이 찾아올 땐 고통조차 기억나지 않는다는 것을. 얼마나 괴로웠는지도 기억나지 않거든. 전날 술에 잔뜩 취해 필름이 끊기고 딱 눈을 뜨니 다음 날인 느낌이랄까. 아, 멍든 얼굴은 돌아오는 데 두 달이 넘게 걸렸어. 마치 보라돌이 같았지.

매일 잠에 들 때면 기억을 잃기 전의 그 느낌이 떠올라. 아득하게 정신이 멀어지는 느낌. 깜깜해지는 시야. 진짜 죽음을 앞둔 두려움과 진짜 죽을 수 있다는 기대. 제발 내일이 오게 해 달라고 빌지도 않아. 여기까지라도 괜찮다면서.

그러다 번쩍 눈을 떠. 잘못된 자세로 잤는지 온몸이 뻐근해. 간밤에 무슨 꿈을 꿨는지 기억을 더듬고, 오랫동안 간직할 만한 꿈은 적어둬. 금방 잊어버리거든. 글쎄, 꿈은 뭐랄까. 다른 세계로의 여행 또는 다른 삶처럼 느껴져. 전생 같은 느낌이지. 이불에서 나올 땐 모든 걸 잊어.

다시 태어난 하루. 내 앞에 다시 하루라는 시간이 놓여 있지.

그렇게 매일 아침 나는 죽음을 떠올려.
오늘은 나, 죽을까?

아침에 죽음을 떠올리는 오늘은 전날과 크게 다르지 않아. 전날과 똑같이 씻고, 옷을 챙겨 입고, 밖으로 나가 일을 하지. 일을 하기 전엔 늘 일기를 먼저 쓰고 오늘 해야 할 일을 정리해. 배가 고프면 밥을 먹고 몸이 아프면 약을 먹어.

일반적이지 않은 것은 하나도 없어. 죽기 직전인데도. 오늘 밤이 되면 다시 죽음을 맞이해야 하는데도.

　나는 기대하지 않아. 오늘의 노력을 보상받을 미래도. 희망이라는 잔인한 놀잇감도. 앞으로 내게 주어질 그 어떤 것도 욕심내지 않아. 죽음 앞에서 그런 것들은 미련일 뿐이니까.

　나는 담담한데 너는 어쩌면 처절할지도 모르겠다. 매일 죽음을 떠올리며, 느끼며 산다고 생각하면 세상이 모두 슬프게 보일 수도 있으니까. 길가에 바람만 불어도 눈물이 흐르겠지. 다시 느끼지 못할 감각들, 다시 없을 날들, 다시 보지 못할 사람들. 늘 그렇게 처절한 마음으로 세상을 바라보게 될 거야. 그런데 왜 이리 모든 게 아름다울까?
　그럼에도 내 인생의 마지막을 슬픔으로 장식하고 싶지 않아서 나는 똑같이 움직여. 담담한 마음으로 밥을 먹고, 일을 하고, 잠에 들 준비를 하지. 사는 동안 그렇게 힘들었는데 마지막까지 힘들어할 필요는 없잖아. 그토록 괴로웠던 삶이 조용히 끝날지도 모르잖아. 역시나 기대와 두려움을 동시에 가지고 잠자리에 들어. 이대로 눈을 뜨지 못하는 게 죽음이라고. 미련이나 기대 따위 여기에 두고 가자고.

나는 또 눈을 떠.

죽음 그 앞에서 삶으로 끌려왔던 날처럼.

네가 이 얘길 어떻게 생각할지 모르겠어. 나는 이런 거 싫은데… 하며 한 걸음 물러설까. 아니면 나처럼 매일 자신을 죽음 앞으로 끌고 갈까. 무엇이든 상관없어. 내가 하고 싶은 말은 매일 죽음을 생각하며 사는 게 매일 살아갈 생각을 하며 사는 것보다 마음 편할 때도 있다는 거야. 살고자 하는 마음이 만들어낸 집착과 불안과 자기 연민보다 모든 걸 내려놓는 담담함이 훨씬 스트레스 없다는 거지. 그냥 이 정도로만 받아들여도 좋겠어. 어차피 우리는 각자의 방식으로 살아갈 테니까.

삶이든 죽음이든 무엇이든,
우리 마음만 아프지 않게 지켜내면 돼.

내 인생의 마지막을 슬픔으로 장식하고 싶지 않아서
나는 똑같이 움직여.

담담한 마음으로 밥을 먹고, 일을 하고,
잠에 들 준비를 하지.
사는 동안 그렇게 힘들었는데
마지막까지 힘들어할 필요는 없잖아,
그토록 괴로웠던 삶이 조용히 끝날지도 모르잖아.

그리고 아침이 되면 나는 또 눈을 떠.
죽음 그 앞에서 삶으로 끌려왔던 날처럼.

때로는 골방에 틀어박혀
아무것도 못 해도

이거 이거, 내 전문 분야인데.
골방에 틀어박혀 아무것도 못 하는 일.

골방에서 혼자 아무것도 안 하고 한 달만 버티면 오천만 원을 주는 알바가 있다면 몇 번이고 할 수 있을 거 같아. 생각만 해도 신나는 일이야. 침대에서 벗어나지 않기. 아무것도 안 하고 멍 때리기. 다 자신 있는 종목들이지.

이런 내가 '때로는 골방에 틀어박혀도 괜찮아'라고 말하는 게 돈 없는 백수가 '돈을 왜 벌어'라고 말하는 것만큼 한심해 보일지도 모르겠다. 그런데 쓰다 보니, 역시나 돈도 못 벌면서 '돈은 왜 벌어'라고 말한 적 있네. 나는 아무래도 그런 사람인가 봐. 어찌 됐든 괜찮다는 낙천적인 사람.

사실 나도 아무것도 쓰지 못한 날은 마음이 불편해. 뭐라도 썼어야 했는데… 책상 앞엔 앉아야 했는데… 후회하는 건 질색이라 웬만하면 후회할 짓을 안 하려고 노력하는데, 그래도 쉽지 않은 날이 있지.

몸이 아플 때도 있고, 마음이 아플 때도 있어. 그냥 힘이 다 떨어져 버렸을 때도 있고, 살기 싫을 때도 있지. 그런 때가 오면 골방에 틀어박혀 아무것도 하지 않는 게 내 생활이야. 필요한 물건은 배달로 시키고 쓰레기도 내다 버리지 않아. 자그마한 방은 금방 쓰레기통이 되어버리지. 심지어 휴대전화 확인도 안 하고, 혼잣말도 하지 않아. 불도 켜지 않고. 그렇게 어두컴컴한 방 속에 틀어박혀 시체처럼 누워 있다 보면 온갖 생각이 다 들어.

나는 도대체 뭘까…

그런데 이럴 때도 내가 한심하단 생각은 안 들어. 그냥 멍때리는 게 아니니까. 나를 감싼 괴로움을 씹고 뜯고 맛보는 중이니까. 아마 날 보는 다른 사람들의 생각은 달랐겠지. 하지만 난 스스로 대단하다고 생각했어. 이렇게 괴로운데 필사적으로 살아있으니까.

요즘도 힘든 일이 있으면 빗장을 걸어. 휴대전화를 무음으로 해두고 쳐다보지도 않지. 그러면 연락이 안 된다며 찾아오는 사람도 있고, 확인할 때까지 계속 문자를 보내는 사람도 있어. 그럼 나는 얘기해.

"난 지금 내게 집중하고 있어.
다시 돌아갈 테니 걱정하지 마."

힘들다는 얘기도, 아프다는 얘기도 하지 않아. 대신 돌아갈 거라고 약속해. 얼마나 걸릴지는 몰라도 살아있다면 돌아갈 테니 걱정하지 말라고. 죽을까 봐 걱정돼서 온 사람들한테 살아있다면 돌아갈 테니 걱정 말라니… 말이 좀 안 되지만, 뭐 나는 여태껏 그래왔으니까 이젠 다들 그러려니 하고 받아들여.

너도 이럴 때 있지? 정말 꼼짝도 할 수 없을 때.

괜찮아. 나처럼 골방에 틀어박혀 아무것도 하지 않아도 돼. 그냥 숨만 쉬어. 아무것도 못 하는 게 아니라 안 하는 걸로 만들어버려. 어차피 아무것도 할 수 없는 상태라면 아무것도 할 생각 없다며 선수 치는 거야.

"내게 뭐라 하지 마! 의지로 아무것도 안 하는 거잖아! 작가인 오스카 와일드도 가장 어렵고 가장 지적인 일은 아무것도 하지 않는 거라고 했단 말이야!"

스스로를 다독여. 아무것도 안 하는 것쯤은 해낼 수 있는 사람이라고. 어디가 아프던 결국 있어야 할 곳으로 돌아갔으니 급하게 생각할 필요 없다고. 지금 이 기분도 시간이 흐르면 자연스럽게 싫증이 나서 곧 뭐라도 해야겠다며 뛰어다닐 테니 지금은 그냥 이 상태를 즐기자고.

아무것도 못 하는 것도 자신을 살피는 일이야. 지친 몸과 마음의 전원을 꺼서 휴식하게 하는 거지. 몸은 꺼지지만 머릿속은 오히려 활발해지는 경우도 많아. 상상력을 발휘해 소설을 쓰기도 하고, 앞으로 어떤 일을 할지 고민하기도 하지. 생각에 생각이 꼬리를 물고 늘어져 결국 답을 찾기도 해. 그렇게 내가 생겨나. 나도 모르게, 세상도 모르게. 번데기처럼 움츠린 상태로 나를 변화시켜.

혼자만의 시간을 보내고 다시 나온 세상은
분명 이전과 다른 모습일 거야.
너는 분명 더 나은 일상을 찾게 될 거야.

아파해도, 얘기해도
괜찮으니까

"슬픔은 나누면 두 배!"

네가 내게 했던 말이야. 나는 그래도 사람들과 얘기해보는 게 어떻겠냐고 말하려던 참이었는데, 네 얘기에 말문이 막혀 그냥 웃어버렸지. 반박할 생각은 없었어. 네 마음을 이해했거든. 다들 살기 힘든데 괜히 내 힘든 얘기까지 들려주어서 더 힘들게 만들고 싶지 않은 마음. 얘기를 듣는 상대가 부담스러워할까 걱정되는 마음. 말하지 않는 게 편하다는 네 의견을 존중하기로 했어. 나한테는 얘기해도 돼, 라는 뻔한 말. 나도 별로 좋아하지 않거든.

사실 나도 힘든 얘기 잘 하지 않는 편이야. 주변의 걱정 어린 시선과 위로가 오히려 부담될 때가 많거든. 물론 걱정 받고 싶을 때도 있어. 하지만 한번 걱정을 받으면 계속 그 걱정 안에서 살아야 할 것 같았어. 그 걱정에 익숙해져서 괜찮아지길 거부하게 되는 건 아닐까 생각하기도 했지. 다른 사람에게 휘둘리는 건 질색인 성격이라 그런 건 정말이지 싫었어.

그런데도 사람들은 늘 말해야 한다고 해.
자신의 마음을 털어놓을 줄 알아야 한다고.
이렇게 아픈 마음을 말하는 게 어떤 일인지도 모르고
책임지지 못할 조언을 내뱉기도 하지.

그래도 나는 네가 얘기를 해봤으면 좋겠어. 네가 슬픔은 나누면 두 배라고 말한 날, 내가 했던 말 기억나?

"내 세상에서는 모든 인간이 이기적이야. 오로지 자신만을 위해 살아가. 나 역시 그렇고. 그런데 나도 누군가의 얘길 종종 듣곤 하지. 그 사람의 마음이 나아지길 바라면서. 왜일까? 이렇게 이기적인 세상인데. 나는 그 답을 계속 생각했어. 내 세상에 어떤 오류가 있는지. 왜 타인을 위해 마음을 쓰는지."

너는 귀를 쫑긋 세웠지. 희망이라곤 조금도 없는 삭막한 내 얘기를 듣기 위해. 그러고 보니 너는 이런 내 생각에 늘 공감했던 것 같아. 나는 말을 이었어.

"그것도 나를 위한 일인 거야. 날 위해 들어주는 거야. 이 사람이 날 믿고 있다는 신뢰감, 내가 누군가에게 도움을 줄 수도 있다는 기쁨, 그런 걸 얻기 위해 듣는 거야. 그러니까 네 얘길 듣고 싶어 하는 사람들, 네게 도움 주고 싶어 하는 사람들. 실은 자기 자신을 위한 거야. 도움 주면서 뿌듯한 마음을 느끼고 싶어서."

내 솔직한 고백을 듣고 너는 약간 어리둥절한 표정을 지었어. 물론 네가 나아지길 바라는 내 마음은 거짓이 아니야. 하지만 네 말을 들어주는 이유가 나를 위한 이기적인 마음이라는 말도 거짓은 아니었지. 나는 마지막으로 말을 덧붙였어.

"다른 사람에게도 기뻐할 수 있는 기회를 줘.
너를 통해 기뻐할 수 있는 기회를.
그러니까 네가 말한 것처럼 슬픔은 나누면
두 배가 아닐 수도 있어."

네가 내 얘길 어떻게 받아들였는지는 모르겠어. 그저 흔한 조언이라고 생각했을 수도 있고, 색다른 시선이라고 느꼈을 수도 있지. 내 얘기를 기억하지 못해도 서운하진 않아. 나는 위로라는 건, 내가 주는 게 아니라 상대가 스스로 찾아내는 거라고 생각하거든. 너에게 위로 삼을 얘기가 필요했다면 어떤 말이라도 위로가 되었겠지.

그래도 다행인 건 돌아가는 네 발걸음이 조금은 가벼워 보였다는 거야. 그리고 진심으로 고마웠어. 네가 내게 얘기해줘서. 그 아프고 힘든 마음을 꺼내주어서. 솔직하게 말해줘서. 혼자 아프고 힘들었던 네게 나도 내 솔직한 마음을 얘기해줄 수 있다는 게 기뻤어.

네가 내게 말하지 않아도 나는 실망하지 않아.
그래도 네가 내게 기뻐할 수 있는 기회를 줬으면 좋겠다.

조금 이기적이지만, 내 세상은 그런 세상이니까.

단 한 번이라도
웃을 수 있게 농담을 던지며

삶에 있어 각자 중요하게 생각하는 것들이 있지.

끝없는 발전이나 성공도 좋지만, 내가 진짜로 중요하게 생각하는 게 뭐냐고 물으면 난 '여유'와 '유머'라고 말할 거야. 나는 누가 나를 비아냥거리듯 얘기해도 그 안에 유머가 있다면 그냥 웃어버려. 아무리 죽을 것 같이 아파도 재미있는 농담을 하기 위해 따로 고민하지. 싸늘하고 처참한 이야기라도 농담으로 만들고 나면 마음이 조금은 가벼워지거든. 모든 걸 잊고 킥킥 웃게 되지. 농담하는 시간이 내겐 휴식 시간, 즉 '여유'를 즐기는 시간이야.

난 꽤나 덜렁이라 쉽게 넘어져. 굽 높은 구두를 신었을 땐 온 정신을 걷는 데 쏟지 않으면 꼭 한 번씩 넘어지지. 구두를 신고 술을 마셨을 땐 세 걸음에 한 번씩 발목이 꺾여 업혀 간 적도 있어. 아니, 집으로 간 게 아니고 3차를 갔다고(웃음). 계단에서도 쉽게 넘어져서 지하 작업실로 내려가는 계단을 구른 적도 있어. 눈이 동그래진 동료분이 헐레벌떡 뛰어나와 나를 일으켰지. 나는 욱신거리는 갈비뼈를 만지며 말했어.

"화려한 등장…"

죽을 뻔했으면서 입만 살아있는 거지. 다행히 놀란 동료가 내 말을 듣고 웃음을 터뜨렸어. 이게 무슨 화려한 등장이냐며 어이없어하는 그분에게 나는 한 번 더 농담을 던졌어.

"오늘은 새롭게 출근해보고 싶어서요."

뭐, 이미 여러 번 말했지만 죽을 뻔한 건 넘어졌을 때뿐만이 아니야. 어떤 사람은 그런 내게 '이 정도면 장수한 거네요' 하고 말하기도 했어. 아주 위트 있는 말이었지.

어느 날은 이랬어. 심해진 우울에 나는 언제 어디로 튈지 모를 정도로 망가졌어. 난 우울해질 생각이 없는데, 우울은 내게 집착하며 내가 아무것도 할 수 없게 만들었지. 딱히 방법도 없고, 나을 수 있을 거란 기대도 없었어. 결국 죽어야 끝나겠지, 하면서 상상하기 힘든 행동을 서슴없이 해댔어.

그러다 정신을 잃고 응급실에 실려 가 눈을 떴지. 나는 항상 나를 지켜주던 남편에게 나지막이 말했어.

"아씨. 진짜… 죽을 뻔했네."
"나는 네가 그 얘길 할 때가 제일 좋더라."

그러곤 웃어버렸어. 도저히 웃을 상황이 아닌데 웃음이 나더라. 죽을 만큼 힘들어서 죽으려고 했는데 깨어나자마자 '죽을 뻔했네'라고 말해버리다니. 또 남편은 살아서 다행이란 말 대신 그 얘기가 가장 좋다고 하니 웃을 수밖에 없었어. 이런 농담과 여유조차 없었다면 정말 견디기 힘들었을 거야. 아니 어쩌면 이런 것도 살기 위한 본능이었을까. 왜인지는 잘 모르겠지만, 그때가 내 기억에 마냥 힘들었던 시간으로만 남아있지는 않아.

나는 단 한 번이라도 웃을 수 있다면 무엇이든 괜찮다고 생각해. 아무리 힘들고 괴로운 순간에도 농담 한 번 던지는 여유를 가지면, 나중에 그때를 돌아봤을 때 그 웃음부터 기억나니까. 비록 힘들어도 웃던 시절이 있었다고, 그다지 나쁜 시간만은 아니었다고 말할 수 있으니까. 이렇게 죽을 것 같아도 농담을 던져줘야 아픈 기억으로만 남기지 않을 수 있어.

물론 세상을 진지하게 받아들이는 태도도 중요해. 누가 힘든 얘기를 하는데 장난으로 받아들이면 말하는 사람이 얼마나 큰 상처를 받겠어. 그래서 난 내 일에 대해서만 농담을 해. 나에 대한 자조적인 농담은 낯선 이의 경계를 무너뜨리는 데 제법 효과적이거든. 때로는 코드가 맞아서 서로 어두운 농담을 던지며 놀기도 하고.

삶을 대하는 태도에는 여러 가지가 있어. 그중 나는 여유와 유머를 골랐을 뿐이야. 우울한 와중에도 농담을 던지는 여유. 우울 속 작은 행복을 찾는 일이지. 우울에 가려진 다른 소중한 마음을 찾기 위한 노력이기도 하고. 이렇게 농담은 사막에 피는 꽃 같아. 꽃이 살 수 있다면 우리도 분명 살 수 있지 않을까?

나는 죽는 그 순간까지 농담을 던지고 싶어.
'저런! 드디어 진짜 죽는구나!'라면서.

삶을 대하는 태도에는 여러 가지가 있어.
그중 나는 여유와 유머를 골랐을 뿐이야.

우울한 와중에도 농담을 던지는 여유.
우울 속 작은 행복을 찾는 일이지.
우울에 가려진 다른 소중한 마음을 찾기 위한
노력이기도 하고.

농담은 사막에 피는 꽃 같아.
꽃이 살 수 있다면 우리도 분명
살 수 있지 않을까?

쓸모없는 불안은
휴지통에 던져버리고

불안이라는 건 뭘까, 늘 생각해왔어.

도대체 무엇이기에 내 삶을 통째로 삼켜버렸을까.
나는 왜 작은 일 하나에도 불안해할까.

불안이 심했던 나는 집 밖에도 잘 나가지 못했어. 조금이라도 놀라면 픽 쓰러지는데, 그 전에 항상 전조 증상이 와. 먼저 숨이 잘 안 쉬어지고, 다음으로 소리가 들리지 않지. 시야가 까매지면 곧 쓰러지는데, 잘못 쓰러져서 이가 나가기도 했어. 외출할 때마다 그러니 도저히 일상생활을 할 수가 없었지.

주치의는 말했어. 아무리 불안해도 죽진 않는다고. 공황장애일 뿐이라고. 속으로 생각했지. 차라리 죽는 게 마음 편하겠다고. 죽을 만큼 불안해하는 게 죽는 것보다 괴롭게 느껴졌거든.

불안해하지 말자, 아무리 다짐해도 몸이 반응하는 건 어쩔 수 없더라. 내게 불안은 '통제 불가능'한 영역이었어. 다리에 힘이 풀리고 숨이 거칠어지기 시작하면 아무리 마음을 가다듬어봐도 통제를 할 수 없었거든. 그렇게 나는 불안에 사로잡혔어.

아무도 없는 병실이었어. 혼자서 작은 병실에 남겨졌지. 나는 사람과 함께 지내는 걸 싫어해서 혼자인 게 좋았어. 누군가 선의를 가지고 건네오는 인사도, 흘긋 내가 뭘 하는지 쳐다보는 것도 싫었거든. 혼자만의 성을 만들어놓고 밖에 나가지 않았어. 저 병실 문만 열어도 다른 사람들이 있을 테니까.

그럼에도 나가야 하는 시간이 있었어. 식사 시간. 폐쇄병동이라 그런지 몰라도 식사 시간엔 홀에 나가 사람들과 밥을 먹어야 했지. 그런데 나는 간호사가 식사를 알리는 소리에도 병실 밖을 나가지 않았어. 마음속으로 숫자를 셌지. 삼십까지 세었을 즈음 병실 문이 열렸어.

"이수연 씨 식사 안 하세요?"

나는 은은한 미소를 지으며 고개를 가로저었어. 입가의 미소는 습관이었고, 고개를 가로젓는 건 마음이었지. 간호사는 난감한 표정을 지으며 다시 한번 물었어.

"그래도 식사는 하시는 게 좋지 않겠어요? 아침도 안 드셨는데…"

"괜찮아요."

낮은 어조로 부드럽게 답했어. 누군가의 마음을 거절할 땐 늘 부드러운 말소리가 흘러나왔지. 간호사는 결국 병실 문을 닫고 발걸음을 돌렸어. 나는 고개를 돌려 창을 올려다 봤지. 아무 소리도 들리지 않았어. 사람들과 섞여 밥을 먹는 것조차 두려워서 나갈 수 없는 나만 남아있었지.

그 순간 눈물이 툭 흘렀어. 소리도 없이 그냥 무심하게 툭. 고작 밥 먹으러 나가는 게 무서운 나는 앞으로 어떻게 살아야 할까. 병실 밖으로 한 걸음도 나가지 못하는 나는, 이 병실을 벗어나면, 병원을 벗어나면 살아갈 수 있을까. 나는 앞으로도 계속 내가 만든 성을 부수지 못하는 걸까.

지금의 내가 그때의 나를 만난다면,
아무것도 생각하지 말라고 얘기하고 싶어.
살아갈 생각조차 하지 말라고.

그 눈물, 그 불안, 모두 살아야 한다는 마음에서 오는 거더라. 지금 내가 힘든데, 견딜 수 없을 것 같은데 이런 삶을 계속 살아야 한다는 게 불안한 거야. 살기 위해 삼키지도 못할 음식을 먹어야 한다는 불안. 살기 위해 숨 쉬어야 한다는 불안. 분명 또 무너지는 순간이 올 텐데, 피할 수 없을 텐데.

그래서 불안한 거야.
살고 싶어서. 잘 살아내고 싶어서.

그런데 또 하나. 그래서 죽고 싶은 거야.
살고 싶어서. 잘 살아내고 싶어서.

잘 살아갈 자신이 없는 나는 현실을 늘 피하고 싶었지. 다시 찾아올 고통, 우울, 슬픔 들은 너무나 분명해서 부정할 수 없었어. 언제까지 이렇게 살아야 할지 아무도 알려주지도 않았지. 까마득했어. 차라리 죽는 것이 쉽다 느껴졌어. 죽으면 겪지 않아도 되니까. 이렇게 끝내면 되는 일이니까. 알아. 죽음은 회피였지. 불안을 회피하기 위한 길. 그만큼 절박했어.

그래, 죽자. 그렇게 수없이 자신을 죽음까지 몰고 갔어. 그런데 참 신기한 게, 막상 죽으려고 마음먹으니까 더 이상 불안하지 않더라. 어차피 죽을 거니까. 내가 불안해할 미래는 오지 않을 테니까. 지금이 어떤 모습이든 상관없게 느껴지더라고. 나, 곧 죽으니까. 그때의 평온함이란. 불안은 미래에서 오는 것이라는 걸 몸으로 깨달았지. 가볍게 숨이 쉬어졌거든.

몇 년을 그렇게 살았어. 죽을 만큼 불안해하고 죽음 앞에서 평온해지길 반복하면서. 불안할 때마다 날 죽음 앞에 놓고, 다시 놓았어. 습관이 되어버린 걸까. 난 늘 죽음을 생각해. 날 평화롭게 만드는 죽음을.

그게, 날 살도록 만들었어.
죽음이 날 키웠어.
죽음이란 숨 쉴 틈 없이는 살 수 없었어.
죽음이 내겐 위로였고 희망이었어.

내가 자꾸만 죽음을 얘기하는 마음을 조금이라도 이해할 수 있을까. 사람이 살아가는 방식은 제각각이겠지. 당연하게 살아가는 사람도 있고, 나처럼 죽음을 생각하지 않으면 살아갈 수 없는 사람도 있어.

지금도 난 죽음을 생각해. 미래 따윈 존재하지 않을 거라며. 그러면 나를 집어삼키던 쓸모없는 불안은 휴지통으로 날아가지. 그딴 미래 오지도 않을 거 왜 걱정하냐며. 분노 섞인 불안을 휴지통에 다 쑤셔 넣고 나면 오늘 하루 정도 살아갈 힘이 생겨.

'아, 일단 지금은 마음 편하니까 내일 다시 생각해보자.'

죽음을 떠올린 게 무색할 정도지. 진짜 죽음의 신이 있다면 기운이 빠져 발걸음을 돌렸을 거야. '친구가 생길 줄 알았는데…' 하면서. 이젠 '얜 맨날 이러니까 그냥 기다리자'며 계속 내 옆에 서 있는지도 몰라. 그만큼 죽음이 가까이 느껴지지. 하지만 나는 두렵지 않아. 오히려 덕분에 내 불안을 휴지통에 넣을 수 있으니까.

이제는 죽음을 친구 또는 동료라고 해야 할까.
그는 늘 속삭이듯 내게 얘기해.
쓸모없는 불안은 휴지통에나 넣어버리라고.

삶도 죽음도 지칠 때는
한숨을 푹 쉬어보며

살다 보면 지치는 날은 언제든 있지.

삶만 지치는 게 아니야. 죽음도 지치곤 해. 계속 죽음을 떠올리다 보면 지쳐선 살 힘도, 죽을 힘도 없지. 그럴 때는 뭘 해야 하는지 모르겠어. 마냥 이렇게 지내야 하는 걸까. 살지도, 죽지도 못한 채로.

살아가기에 지치는 것들. 너무 많아 네게 다 얘기할 수 없을 정도야. 아니, 그 누구보다 네가 더 잘 알고 있을지도 몰라. '앞으로' 벌어질 많은 일들. 바라는 것들과 해내야 하는 것들. 그럼에도 기대한 만큼 따라오지 않는 결과. 지치지 않을 리가 없어.

그러다가 죽음을 생각하면 가끔은 지친 일상에서 벗어난 기분이 들기도 해. 집착하던 것들이 모두 의미 없어지니까. 하지만 부작용도 있어. 이렇게 평생 죽을 생각으로 살아야 하나, 그런 삶이 무슨 의미가 있을까, 이게 뭐 하는 건가, 세상이 허무해지지.

그럴 때 난 한숨을 푹 쉬어.
세상이 떠나가라.
죽음이 떠나가라.
뭐 어때, 아무도 듣지 못할 텐데.

한숨 쉬는 일. 다들 부정 탄다고 하지 말래. 그런데 한숨에도 효과는 있어. 숨을 한껏 들이마셨다가 푹 내쉬면 쌓였던 감정이 밀려 나가는 것 같아. 숨 쉬는 데 집중하느라 머릿속이 비워지기도 해. 그러다 보면 어느새 마음 그릇이 깨끗해지지.

"흐읍, 하아."

여전히 나는 우울이란 감정을 벗어나지 못했고, 이제는 벗어나야 한다고 생각하지도 않아. 평생 이렇게 살아야 할지도 모르겠다고 생각해. 그럼에도 나는 책상에 앉아 일기장을 펼쳐. 뭔가 새로운 걸 쓰려고.

그런데 나도 모르게 한숨이 나와.

어제의 일기와 오늘의 일기가 다르지 않아. 살기엔 막막하고 죽기엔 지쳤다고. 내가 할 수 있는 일이란 고작 이렇게 글을 쓰는 것뿐이라고. 매일 아무도 읽지 않을 글을 쓰며 날 이해하고 위로하는 일뿐이라고. 앞으로도 그런 날의 연속일 거라고.

다시 한번 한숨을 쉬어.

갑자기 모든 게 의미 없이 느껴져. 일기는 왜 쓰고 있을까? 뭐 하러 이렇게 살고 있을까? 왜 죽으려고 하지? 그때부터 다른 생각이 조금씩 스며들어. 삶이라는 굴레와 죽음이란 사슬에서 한 걸음 뒤로 물러서.

또 한숨을 쉬어.

물러설수록 모든 게 작아져. 별것 아닌 일처럼 느껴지지.

안개처럼 나를 둘러싼 우울도 희미해지고, 죽음에 대한 욕망도 한낱 티끌처럼 가벼워져. 여기서 나는 아무것도 아니야. 나를 불쌍하게 여기지도 않고, 동정하지도 않아.

한숨을 쉬어.
나는 더 이상 내가 아니게 돼.

너는 지금 숨을 참고 빠르게 달려. 하지만 얼마 가지 못해 속도가 줄고 곧 멈춰 서게 되지. 그때 숨을 내뱉어. 아주 거칠고 크게. 그렇게 깊이 들이마시고 내뱉길 반복하면서 숨을 골라. 내뱉지 않으면 쉴 수 없어.

숨을 가다듬은 뒤 다시 생각해. 다시 숨을 참고 달릴지, 고른 숨을 유지하며 걸을지. 무엇이 맞는지는 중요하지 않아. 뛰고 싶으면 뛰고, 걷고 싶으면 걸으면 돼. 뒤로 가도 되고 옆으로 가도 돼. 다만 내뱉지 않으면 한 걸음도 내디딜 수 없어. 그러니 내쉬는 숨을 두려워하지 말자. 지치는 것을 두려워하지 말자. 당연한 일이니까. 겪어야 하는 일이니까. 모두가 그렇게 걸어오고 뛰어가고 있으니까.

지친 너의 한숨.
어쩌면 너를 변화시킬 한 숨일지도 몰라.

살아가기에 지치는 것들.

너무 많아 네게 다 얘기할 수 없을 정도야.

아니, 그 누구보다 네가 더 잘 알고 있을지도 몰라.

바라는 것들과 해내야 하는 것들.

기대한 만큼 따라오지 않는 결과.

지치지 않을 리가 없어.

그러다 죽음을 생각하면

지친 일상에서 벗어난 기분이 들어.

집착하던 것들이 모두 의미 없어지니까.

그럴 때 난 한숨을 푹 쉬어.

세상이 떠나가라.

죽음이 떠나가라.

완전히 무너지고
다시 새것으로

완전히 무너졌다고 생각한 적 있어?

한순간에 무너져 눈물부터 터져 나왔던 경험. 내가 생각해온 모든 것이 부서지고 지켜온 모든 것이 의미 없어지는 순간. 꼭 죽는 것만이 무너지는 일은 아니더라. 죽지 않아도 사람은 무너질 수 있더라.

네게 이 편지를 쓰기 전, 나는 고민했어. 나는 네게 삶을 이야기할 수 있을까… 지금까지 죽음만 생각해왔는데 삶을 얘기할 수 있을까… 또다시 우울한 날들의 이야기를 꺼내야 하나… 별로 내키지 않았어.

그런데 네게 편지를 쓰고 있어. 왜냐면 나, 완전히 무너졌거든. 완전히 무너져서 모든 것을 잃었거든. 내가 어떻게 무너졌는지는 사실 별로 중요하진 않아. 정황이나 감정 같은 건 내가 무너졌다는 사실을 뒷받침해주는 부수적인 것에 불과해. 내가 무너진 진짜 이유는 살고 싶다는 마음에서 시작되었어.

어떤 사람이 처음 정신과에 간 얘길 들려줬어. 회사 일 때문에 너무 스트레스를 받았는데 어느 날 '아, 죽고 싶다' 하는 생각이 들었다는 거야. 그 사람은 자신의 생각에 화들짝 놀라 정신과를 찾았다고 했어. 나는 그 사람 얘길 들으며 생각했지.

'아, 보통은 죽고 싶다고 생각 안 하나…? 원래 그런 거 아닌가…?'

그제야 알았어. 다들 죽고 싶다는 생각을 하진 않는다는 걸. 어렸을 때부터의 내 기억은 온통 죽고 싶은 마음뿐인데. 그게 너무 당연해서 다 그런 줄 알았어.

그런데 서른을 앞둔 어느 날, 완전히 다른 느낌을 받았지. 일을 마치고 멍하니 작업실에 혼자 앉아 죽음을 떠올렸는데 가슴 깊은 곳에서 그동안 숨어 있던 작은 마음의 싹을 발견한 거야. 살고 싶다는 마음을. 인정하고 싶지 않았지만 이제는 인정할 수 밖에 없는 마음을. 그 마음을 마주하는 데 삼십 년이 걸렸지.

우울에서 살아남으며 변해온 내 모습이 하나씩 느껴졌어. 앞으로의 내가 궁금해졌지. 살아갈 가치조차 없다고 생각했던 내가 소중하게 느껴졌어. 내게 상처주었던 사람들을 용서하고 싶었어. 절대 변하지 않을 거라 스스로 다짐했는데 어느새 변해 있었어.

나를 사랑할 줄 아는 사람으로. 꽤 괜찮은 사람으로. 울고 싶으면 울고, 틈만 있으면 웃는 사람으로.

내가 앞으로 무엇을 해낼지, 어떻게 변화할지 보고 싶은데 미친 듯이 슬펐어. 살고 싶다고 해서 얼마나 살 수 있을지 모르니까. 겨우 살고 싶어졌는데 언제고 나는 죽어버릴 수 있으니까. 죽음은 멀지 않다는 걸 그간 배워왔으니까.

살고 싶다는 마음. 그 마음은 나를 완전히 잃어버리게 만들었어. 어떻게 돼도 상관없다던 내 삶에 의지가 생겨버렸어.

살고 싶다는 마음, 처음 인정하게 됐어.

그런 걸 보면 나는 삶을 거꾸로 배운 것 같아. 사람들은 삶을 통해 죽음을 배우는데, 나는 죽음을 통해 삶을 배웠으니까. 죽을 수 있다는 마음으로 하나둘 해내다 보니 그럭저럭 살아갈 수 있는 사람이 되어버렸으니까. 내겐 죽는 게 희망이고 위로서 죽음을 생각하지 않으면 견딜 수 없었던 것뿐인데.

살고 싶다는 마음은 나를 둘러싼 모든 규칙을 무너뜨렸어. 살아달라는 주변 사람들의 당부, 가볍게 무시해왔는데 그런 내 태도가 사람들에게 상처주지 않았을까 걱정됐지. 그동안 무심하게 받아온 상처, 신경 쓰이고 아팠어. 모든 것에 의심이 들었어. 세상이 뒤집어진 것 같았어.

이 험난한 삶 속에 살고 싶다는 마음의 씨앗은 언제 심어진 걸까. 막막한 마음에 미친 듯이 울었어. 나는 그 씨앗을 어떻게 키워야 할지 알 수 없었거든. 그 마음을 어떻게 지켜내야 할지 몰랐거든. 그래서 두려웠어. 너무 소중한데 지킬 자신이 없었어. 한참을 울다가 밖으로 나와 걷기 시작했지. 한 걸음, 한 걸음, 멍하니 걷다가 생각했어.

'무너졌으니까, 완전히 무너졌으니까 다시 시작하자.'

평소의 나라면 그냥 이대로 끝내버리자며 도망갔을 텐데. 습관처럼 죽음을 떠올렸을 텐데. 작은 싹이 일으킨 균열이 너무 커서 그럴 수가 없더라. 작은 싹은 내게 말했어. 가진 것도 없고, 지킬 것도 없지 않냐고. 아무것도 없으니, 무엇이라도 할 수 있지 않냐고. 그동안 내가 세운 규칙과 기준은 버리고 처음부터 다시 해보자고.

내 머릿속은 새하얀 백지가 됐어. 색도 없고 크기도 정해지지 않은 새하얀 백지. 글을 써도 되고, 그림을 그려도 되고, 찢어도 되고, 구겨도 되는 백지. 아무것도 정해지지 않은 상태. 아무것도 정의 내릴 수 없는 상태. 무엇이라도 될 수 있겠구나 생각했어. 무너질까 두려웠는데, 살고 싶을까 봐 도망쳤는데, 내가 아무리 발버둥을 쳐도 살고 싶은 마음은 싹을 틔웠어.

그때 나는 이제 삶을 얘기하기로 했어.
네게 편지를 쓰겠다고 마음먹었어.

지금까지 내가 적은 편지들. 모두 그 마음으로 쓴 거야. 앞으로 어떻게 살아내야 하냐는 너의 오래된 질문에 답하고 싶어서. 과거에는 나도 몰라서 해줄 수 없었던 얘기들을 지금은 해줄 수 있을 것 같아서. 완전히 무너지지 않았다면 할 수 없는 얘기들이지.

그래서 지금 살고 싶냐고? 사실 살고 싶지도 죽고 싶지도 않아. 반대로 살고 싶기도 하고 죽고 싶기도 해. 그 무엇이라도 괜찮다고 생각해. 편지를 쓰는 동안에도 나는 수차례 무너졌고 그때마다 새롭게 시작해야 했거든. 많은 눈물을 흘렸지.

"매일 무너져요. 매일 생각해요. 다시, 시작하자. 또 다시 해보자."
이제는 괜찮아 보인다는 얘길 들었을 때 나는 이렇게 말해. 많이 나아졌다거나, 살고 싶다거나 뭐 이런 얘길 듣고 싶겠지만 나는 지금도 매일 무너지고 새로 시작한다고 말해.

오늘도 나는 무너졌어. 그래서 조금 아파. 괴로워. 이제는 세상 위아래가 어디고 좌우가 어디인지도 헷갈려. 그래도 나는 포기하지 않아. 어제의 폐허 위에 다시 나를 쌓고, 무너지면 또다시 쌓기를 반복해. 지루해 보이지만 매일 그렇게 조금씩 나를 변화시키고 있어.

완전히 무너졌을 때, 다시 새것이 될 수 있으니까.
어제의 나와 오늘의 나는 늘 다시 시작하는 무엇이니까.
늘 새로 태어나는 아이 같으니까.

오늘,
딱 하루만 더

살자.
그렇게 살자.

지금까지 잔뜩 죽음을 얘기했지만,
오늘 딱 하루만 더 살자.
오늘 딱 하루를 더 살아보자 얘기하고 싶어서,
이제는 삶을 얘기하고 싶어서 네게 편지를 썼어.
내가 느꼈던 절망과 두려움, 죽음을 얘기하면서도
살아보자고, 그렇게 말하고 싶어서.

알아.

잔인하지. 힘들지. 내 마음이 어떤지 모르니까 이런 얘길 하는 거구나 싶지. 맞아. 난 아무것도 모를지 몰라. 어떻게 네 마음을 온전히 이해할 수 있겠어. 그래도 이렇게밖에 말할 수 없어 미안해. 속상해도 오늘, 딱 하루만 더, 살아줘.

오늘이 내일이 되고, 내일이 일 년이 된다는 얘기는 하지 않을게. 그런 미래 같은 거 생각하지도, 바라지도 않을게. 그냥 오늘 하루 더 살아주고, 얘기해주고, 곁에 있어 준다면 그걸로 만족할게. 내일은 내 곁을 떠날지도 몰라도, 내일은 내가 필요 없어질지 몰라도 오늘만 곁에 있어 주면 만족할게. 네 마음 다 알 수 없으니까. 다 안을 수 없으니까.

너의 슬픔, 내가 안을 수 있다면 몇 번이고 안고 싶었어. 아니, 온 세상의 불행과 슬픔을 내가 다 안고 싶었어. 그래서 네가 찾아오기를 기다렸다가 귀를 기울였어. 같은 얘기를 해도 늘 처음 듣는 마음으로.

하지만 늘 네게 위로가 되진 않았어. 때론 위로한답시고 한 말이 도리어 상처가 되기도 했지. 나는 네가 아니고, 너도 내가 아니니까. 그 간극을 빈틈없이 메울 수는 없었어. 책임지기 싫다는 게 아니야. 누구도 타인을 책임질 수 없다는 진실을 얘기하고 싶은 거야. 각자의 고통은 각자 감내할 수밖에… 내가 할 수 있는 일이라곤 귀를 기울여주고 손을 잡아주는 정도뿐.

그래서 나는 너를 외롭게 만들지도 몰라. 나는 너를 위로할 수 없을지도 몰라. 나는 너를 이해하지 못할지도 몰라. 그래도 진심을 담아 편지를 써. 네가 오늘, 딱 하루만 더 살기를 바라는 마음으로.

네겐 오늘 하루가 남들은 상상조차 할 수 없는 고통의 시간일 수 있어. 먹을 수도, 잠을 잘 수도, 숨을 쉴 수도 없는 그런 날. 그런 아픔이 네 하루를 잠식하더라도 나는 딱 하루만 더, 라고 말하고 싶어. 네가 이 세상에 있는 기쁨을 잃고 싶지 않아서. 하루라도 더 네 목소리를 듣고 이야기 나누고 싶어서.

나 역시 그랬어.
살아나는 일이 매일 후회를 만드는 일이라고 생각했어.

죽고 싶은 마음은 나아지지 않았고, 매일 아침 눈뜨면 어제 죽지 않은 걸 후회했지. 그래도 어떻게든 버텼어. 하루를 살았어. 종일 잠만 자는 날도 있었고, 울고 소리치는 날도 있었어. 술에 취해 그 하루가 어떻게 흘러가는지도 모르는 날도 많았지. 그렇게 잘 살아내지 못해서 그냥 하루만 살자 생각했어.

그때 내게 주어진 건 단 하루였는데, 그 하루를 살아냈을 뿐인데… 세상은 아주 조금씩 변해갔어. 뭘 하려고 하지도 않았고, 꿈꾸지도 않았는데 고작 살아있다는 이유만으로도 나를 둘러싼 세상은 변해갔어. 그걸 보니 내가 참 바보 같더라. 그냥 살아만 있으면 되는 거였는데, 꼭 뭘 해야만 한다고 생각했으니까. 그게 불안하고 초조해서 우울이 나를 집어삼키게 만들었으니까.

이런 희망 어린 얘기, 네게 와닿지 않을지도 몰라. 나도 그랬으니까. 누군가 내게 '다 변할 거예요'라고 말 해도 믿지 않았으니까. 날 이해하지 못해서 그런 말하는 거라고 생각했어. 난 절대 변하지 않을 거라고 확신했지. 그런데 속절없이 변하더라. 그저 내가 한 일이라고 살아있는 것밖에 없었는데 말이야.

물론 너는 다를 수 있지. 나는 운이 좋았을 뿐일 수도 있고. 하지만 그 가능성마저 부정할 필요는 없다고 생각해. 최소한 네가 아는 사람 중에 하나는 변했잖아. 바로 나. 그러니까 실낱같은 희망이라도 '희망'은 '희망'인 거야. 오늘 하루를 살아간다는 건, 그 희망을 이어나가는 거야. 결코 끊어지지 않을 그 실낱을.

하루하루 기회를 얻었다고 생각해.
살아만 있어도 저절로 찾아오는 기회를.

나도 오늘 딱 하루만 더 살아볼게. 어제도, 내일도 생각하지 않고 오늘을 어떻게든 살아낼게. 네가 혼자 있는 날이면 날 떠올릴 수 있게. 누군가 나처럼 어떻게든 오늘을 살아내고 있다고 생각할 수 있게. 그게 내가 너에게 줄 수 있는 마지막 위로야. 누군가는 나와 같다고. 누군가는 이렇게라도 살아낸다고.

우리 다시 만나면, 그간 어땠는지 천천히 얘기해보자. 그날도 딱 하루만 살아내는 날일 테니 거리낌 없이 속마음을 나눠보자. 슬픈 일도, 기쁜 일도 상관없이 막 수다를 떨자. 우리가 만날 기회를 주자.

오늘, 딱 하루만 더 살아내서. 함께, 살아내서.

오늘, 딱 하루만 더.

언젠가 변할 거라는 말,
네게 와닿지 않을지도 몰라.
나도 그랬으니까.
버럭 화부터 냈으니까.
난 절대 변하지 않을 거라고 확신했지.

그런데 속절없이 변하더라.
내가 한 일이라고 살아있는 것밖에
없었는데 말이야.

그러니까 가능성마저
부정할 필요는 없다고 생각해.
최소한 네가 아는 사람 중에 하나는 변했잖아.

바로 나.

그러니까 실낱같은 희망이라도
'희망'은 '희망'인 거야.

TO.

FROM.

나는 당신이 _____
살았으면 좋겠습니다

초판 1쇄 인쇄 2023년 5월 11일
초판 1쇄 발행 2023년 5월 22일

지은이	이수연
펴낸이	신의연
펴낸곳	마이디어북스
등록	2022년 4월 25일(제2022-000058호)
전화	070-8064-6056
팩스	031-8056-9406
전자우편	mydearbooks@naver.com
인스타그램	@mydear__b

ⓒ 이수연 2023

ISBN 979-11-980240-1-5 (03810)

- 이 책은 저작권법에 따라 보호받는 저작물이므로 무단전재와 복제를 금합니다.
- 도서 내용의 전부 또는 일부를 재사용하려면 반드시 저작권자와 출판사의 서면 동의를 받아야 합니다.
- 이 책에 실린 모든 이미지 및 인용구는 저작권을 확인하고 사용 허가를 받기 위해 노력했습니다. 만약 미처 확인하지 못한 내용이 있을 경우 추후 협의하도록 하겠습니다.
- 책값은 뒤표지에 표시되어 있으며, 잘못된 책은 구입하신 곳에서 바꿔드립니다.